Erwin F. Lindenau

Urlaub zum Totlachen

Erwin F. Lindenau

Urlaub zum Totlachen

Witzig verreisen

Amalthea

Umschlaggestaltung: Kurt Hamtil, verlagsbüro wien
Umschlagbild: Markus Szyszkowitz
Herstellung und Satz: Franz Hanns
Gesetzt aus der 10,5/13,32 Punkt New Caledonia
Druck und Binden: CPI Moravia Books GmbH
Printed in the EU
ISBN 978-3-85002-783-0

Inhalt

Vorwort

Vorweg ein Tipp aus der Erfahrung von 3100 nicht nur gelesenen, sondern für die Sammlung durchgearbeiteten Witzbüchern:
Ein Witzbuch in kleinen Dosen genießen. Der Genusswert ist größer!
Laut lesen, auch wenn man allein ist. Der Lachwert zur eigenen Erheiterung vergrößert sich!
Ein Witz soll neu, noch unbekannt und soll natürlich gut sein. Nun, in unserem Sprachraum gibt es jährlich so viele neue – als Witze zu bezeichnende – Witze, wie wir Finger an den Händen haben. In guten Jahren können wir noch die Zehen dazunehmen.
Wie soll ein guter, neuer Witz auch unbekannt bleiben? Solche Witze machen sehr schnell die Runde. Erzählt man in größerer Gesellschaft Witze, gibt es unterschiedliche Reaktionen:
Die einen kennen den begonnenen Witz und können ihn auch zu Ende erzählen. Zu dieser Kategorie zählen wenige.
Andere behaupten zwar, den Witz schon zu kennen, wenn sie ihn aber fertig erzählen sollen, verstummen sie.
Die meisten lachen so, dass man merkt, dass der Witz für sie neu ist, oder sie begrüßen ihn, wie man einen alten Bekannten freudig begrüßt.
Ich habe mehrere Versuche gemacht und bislang unbekannte Witze im westlichsten Zipfel Österreichs ausgesät und beobachtet, wie lange es dauert, bis sie unsere Bun-

deshauptstadt erreichten. Es dauerte in der Regel zwei bis drei Wochen. Für mich ist das der Beweis, dass wir Österreicher Sinn für Humor haben.
Übrigens gibt es viele Arten des Humors; eine davon ist nun einmal der Witz.
In diesem Sinne wünscht viel Vergnügen,

Ihr
Erwin F. Lindenau

Unterwegs …

… mit dem Auto

Zu Beginn der technischen Revolution des Automobils haben sich auch sofort die Fehlprognosen eingestellt. Kaiser Franz Joseph meinte: »Wird a wieder abkommen.« Die Zeitungen begrüßten die Entwicklung des Autos als Befreiung von Pferdeunfällen oder schrieben von sauberen Straßen und vom geräuschlos auf Gummireifen Nerven schonend dahingleitenden Fahrzeug. Niki Lauda dürfte recht behalten, wenn er sagt, dass die Menschheit sich die Mobilität nicht mehr nehmen lassen werde und dass man sich halt was einfallen lassen müsse. Fest steht indessen: Das Auto beherrscht uns alle, und das fast überall, auf alle Fälle jederzeit …

Dann kam das Auto

Professor Cohen von der Universität Chicago forderte einst seine Studenten auf, sie sollten sich vorstellen, übermenschliche Wesen seien auf die Erde gekommen und hätten sich erboten, die Menschheit einen Zauber zu lehren, der ihr Leben unvergleichlich angenehmer und farbiger machen würde. »Als Gegenleistung«, fuhr der Professor fort, »verlangten sie lediglich fünfzigtausend Menschenleben im Jahr. Mit wie viel Empörung hätten alle diesen Handel zurückgewiesen! Und dann kam das Automobil …«

Bedenkzeit

Meiers fahren dieses Jahr ganz groß mit dem Wagen in den Urlaub. Nachdem alles verstaut ist, setzt sich der Papa ans Steuer und sagt zu seiner Familie: »Ich fahre jetzt dreimal um den Block. In dieser Zeit kann sich jeder überlegen, was er vergessen hat!«

Nach Spanien

Eine elegante, hübsche Frau geht in Wien am Ring. Da hält neben ihr ein rassiger Sportwagen, die Tür geht auf und augenzwinkernd sagt der Fahrer: »Ich fahre für acht Tage nach Spanien. Interessiert Sie das?«
Die Dame mustert ihn abschätzend und antwortet: »Ja, sehr. Bringen Sie mir bitte zwei Kilo Orangen mit.«

Schon zurück

Samstagabend im Fasching. In der verkehrsreichen Einbahnstraße fährt ein Auto in die falsche Richtung. Ein Polizist hält den Fahrer an und fragt: »Wo wollen Sie hin?«
»Das weiß ich auch nicht so genau«, lallt der Mann, »aber ich muss ziemlich spät dran sein, die anderen kommen schon alle zurück!«

Viehpreise

Im Restaurant kommen zwei Gäste in ein Gespräch.
»Sagen Sie mal«, fragt der eine, »Sie kennen die Preise für alle Haustiere so genau. Von Huhn, Ente, Gans über das

Kaninchen und fast allen mittelgroßen Nutztieren. Sind Sie Viehhändler?«
»Nein, ich bin Autofahrer!«

Danke, nicht nötig

Der Polizist stoppt einen Wagen und fragt den Fahrer: »Haben Sie einen Führerschein?«
»Ja«, sagt der Fahrer, »muss ich ihn herzeigen?«
»Danke, nicht nötig. Wenn Sie keinen gehabt hätten, dann hätten Sie ihn herzeigen müssen.«

Falschparken

Ein Polizist hält einen Autofahrer an: »Sie sind über fünfzig gefahren!«
»Das kann gar nicht sein, Herr Inspektor. Ich bin höchstens vierzig gefahren, wenn nicht sogar nur dreißig. Nein, ich bin fast sicher, dass es nicht einmal zwanzig waren …«
»Halt!«, unterbricht ihn der Polizist, »noch ein Wort und Sie kriegen ein Strafmandat wegen Falschparkens!«

Glück gehabt

Eine Verkehrsstreife stoppt einen Wagen. »Haben Sie etwas getrunken?«, fragt der Polizist.
»Bruderschaft habe ich getrunken«, antwortet der Autofahrer vergnügt.
»Das ist Ihr Glück«, sagt der Beamte, »wenn Sie nämlich Alkohol getrunken hätten, müsste ich Ihnen den Führerschein abnehmen.«

Röhrlblasen

Polizist an der steirischen Weinstraße: »Blasen Sie in dieses Röhrl!«
»Ich habe keine Ursache; ich habe nichts getrunken.«
»Blasen Sie in das Röhrl, habe ich gesagt!«
»Ich habe Ihnen schon gesagt, dass ich nichts getrunken habe!«
»Sie wollen nicht?«
»Nein.«
»Wenn Sie nicht gleich blasen, dann tue ich's für Sie – und dann sind Sie aber dran!«

Wohnwagen

Die Polizeistreife stoppt den Autofahrer: »Was ist denn mit Ihren Rücklichtern los?«
Der Fahrer steigt aus, geht um sein Auto herum, wird kreidebleich und sinkt fassungslos in sich zusammen.
»Kein Grund zur Panik, ich will nur wissen, was mit Ihren Rücklichtern ist«, sagt der Polizist.
»Was scheren mich die Rücklichter«, stöhnt der Fahrer verzweifelt, »wo zum Teufel ist mein Wohnwagen?«

Anwaltsmeinung

Der Karl trifft den Toni auf der Straße. Toni hat vor einem Jahr einen Autounfall gehabt, von dem der Karl glaubt, dass ihn der Freund längst überwunden hat.
»Ja, sag amol, muaßt du denn no imma mit den Krucken gehn? Was sagt denn dei Arzt dazua?«

»Mei, der Arzt moant, i brauchert koane mehr, aba mei Anwalt is da anderer Meinung.«

Nur Lastwagen

Huber fährt mit seiner Frau im neuen Auto in den Urlaub. An einer Kreuzung muss er halten. Da er die Fahrbahn von rechts nicht übersehen kann, fragt er seine Frau:
»Kommt ein Auto von rechts?«
»Nein«, sagt seine Frau und setzt, als er schon Gas gibt, hinzu: »Nur so ein hässlicher Lastwagen!«

Kavalier

Im strömenden Regen versucht eine bildhübsche junge Frau an ihrem Wagen einen Reifen zu wechseln. Ein Kavalier kommt vorbei, hält an und hilft ihr im Schweiße seines Angesichts. Pitschnass, schmutzig und schwitzend, ächzt er, als alles vorbei ist: »So, und jetzt müssen wir noch den Wagenheber entfernen.«
Sagt die holde Dame: »Bitte, aber ganz vorsichtig. Da drinnen schläft mein Mann!«

Wasser im Vergaser

Frau Müller ruft in der Autowerkstätte an: »Schicken Sie mir bitte jemanden. Mein Wagen will nicht mehr!«
»Was fehlt ihm?«
»Vermutlich ist Wasser im Vergaser.«
»Wo stehen Sie mit Ihrem Auto?«
»Im Neusiedlersee!«

Lokomotivführer

Meiers machen mit ihrem Wagen einen Sonntagsausflug. Der kleine Fritz kniet auf dem Rücksitz und schaut hinten hinaus. Plötzlich meint er: »Papa, wolltest du eigentlich Lokomotivführer werden?«
»Nein, warum?«
»Weil mindestens zwanzig Wagen hinter dir hängen!«

Betriebsferien

»Männer, gebt noch einmal alles!«, treibt der Vorarbeiter seine Straßenbauarbeiter an. »Bis heute Abend muss die Straße aufgerissen und abgesperrt sein. Und morgen fahren wir dann zwei Wochen auf Urlaub!«

Keines erwischt

Ein Autofahrer sieht, wie er am Pannenstreifen von hendelartigen Wesen überholt wird. Er drückt aufs Tempo und merkt, dass die mit hundertzwanzig Stundenkilometer unterwegs sind. Er betätigt den Blinker und fährt bei der Abfahrt Richtung Bauernhof, wo die Tiere verschwunden sind.
»Was habt ihr da für komische Tiere?«, fragt er den Landwirt.
»Ja mei, die Stadtleut san schon so heikel, jeder will ein Haxl und da haben wir halt Hendln mit vier Haxn gezüchtet.«
»Sagen Sie, wie schmecken denn die?«
»Keine Ahnung, wir haben noch keines erwischt!«

Oben blaues Licht

Ein sichtlich Betrunkener kommt aus dem Gasthaus und fährt mit beiden Händen über die Autodächer.
Ein Auge des Gesetzes nähert sich: »Suchen Sie Ihr Auto?«
»Ja, aber meines hat oben ein blaues Licht!«

Rallyegang

An Seppls nagelneuem Sportwagen ist innerhalb einer Woche das Getriebe zum vierten Mal kaputt. Der Meister der Reparaturwerkstatt schüttelt verwundert sein Haupt, nimmt Seppl zur Seite und fragt ihn: »So ganz im Vertrauen. Natürlich wird das Getriebe wieder auf Garantie ausgetauscht, aber wie machen Sie das?«
»Ich versteh 's auch nicht«, meint Seppl mit unschuldiger Miene, »ich fahr' ganz normal im ersten Gang bis zwanzig, dann im zweiten bis fünfzig, dritter Gang auf achtzig und vierter rauf auf hundertvierzig Stundenkilometer – und dann schalte ich auf ›R‹ in den Rallyegang!«

Toyota Wagenheber

Ein betrunkener Wiener rempelt einen Japaner an. Dieser macht zwei kurze Kantenschläge, und der Wiener liegt am Boden. Der Japaner verneigt sich höflich: »Gluß aus meine Heimat: Kalate.«
Der Wiener rappelt sich auf und rempelt den Japaner nochmals an. Der Japaner macht eine kurze Armhebelbewegung und der Wiener liegt wieder am Boden. Der

Japaner verneigt sich wieder: »Gluß aus meine Heimat: Judo.«
Der Japaner geht weiter und bekommt plötzlich einen wuchtigen Schlag. Der Japaner liegt am Boden, der Wiener verneigt sich: »Gruaß aus deiner Heimat: Toyota Wagenheber.«

Kein Pickerl

Ein älterer Autoverkäufer war bei einem Freudenmädchen: »Wie war ich?«, will er wissen.
Sie druckst herum. Er will nachhelfen: »War ich wie ein VW, wie ein Mercedes, wie ein Jaguar?«
»Eines weiß ich sicher: Pickerl kriegst du kans mehr!«

Falscher Name

Zwei Freunde sind im Auto unterwegs. Ausgerechnet in einer endlosen Waldlandschaft haben sie eine Panne. Keine Tankstelle, kein Licht zu sehen. Es bleibt ihnen nichts übrig, als auszusteigen und zu Fuß weiterzugehen. Sie gehen und gehen – endlich Lichter: ein Schloss.
Die Schlossherrin empfängt sie liebenswürdig und lädt sie zum Abendessen ein. Die charmante Witwe lässt es sich auch nicht nehmen, die hereingeschneiten Gäste zum Bleiben aufzufordern. So übernachten die beiden Freunde also auf dem Anwesen.
Sechs Monate später treffen sie einander.
»Sag einmal«, fragt der Erste, »erinnerst du dich an die Witwe dort auf dem Schloss? Ich habe einen Brief von ihrem Anwalt bekommen.«

»Was?«, fragt der Zweite, sichtlich verlegen.
»Da hast du Gauner also wirklich eine großartige Nacht mit ihr verbracht, wie?«
Der andere senkt den Kopf.
»Und du hast dich unter meinem Namen vorgestellt?«
»Entschuldige bitte, aber ... wirklich, ich ...«
»Du brauchst dich nicht zu entschuldigen, mein Lieber. Der Anwalt hat mir geschrieben, dass sie gestorben ist und mich als ihren Universalerben eingesetzt hat.«

Aufpreis

Ein Bauer kauft sich einen Mercedes C 180 D und ärgert sich über die Aufpreise der Sonderausstattung.
Bald darauf kauft sich ein Vorstandsmitglied der Daimler Benz A. G. von diesem Bauern eine Kuh für seinen Freizeithof. Der Bauer schreibt ihm folgende Rechnung:

1 Kuh – Standardausführung	Grundpreis 2500 Euro
Zweifarbige Ausführung	Aufpreis 150 Euro
Rindslederbezug	150 Euro
4 Zapfstellen á 15 Euro	60 Euro
2 Stoßstangen, verhornt á 20 Euro	40 Euro
Fliegenwedel, halbautomatisch	30 Euro
Mechanische Düngervorrichtung (Bio)	80 Euro
Zweikreisbremssystem (Vorder- und Hinterläufe)	400 Euro
Mehrere Geschwindigkeitsstufen (Vor- und Rückwärts)	140 Euro
Verschließbare Halogenaugen	150 Euro
Totalkuh in gewünschter Ausführung	3700 Euro

Mistkarre

Ein Berliner kommt nach Wien. Er wirft sich in ein Taxi und schnarrt: »Fahren Sie doch schon los mit Ihrer elenden Mistkarre!«
»Entschuldigen der Herr«, dreht sich der Taxler um, »Sie haben mir noch gar nicht gesagt, wo ich den Mist abladen soll!«

Tiger im Tank

»Darf ich Sie zu einer Fahrt in meinem Sportwagen einladen, mein Fräulein? Ich habe den Tiger im Tank!«
»Was nützt mir das, wenn ein Kamel am Steuer sitzt.«

Belohnungsaussicht

Der Autofahrer bezahlt unwirsch seine Verkehrsstrafe und bekommt eine Quittung.
»Und was mache ich damit?«, brummt er.
»Die heben Sie sich auf«, erwidert der Polizist, »und wenn Sie zehn beisammen haben, bekommen Sie ein Fahrrad!«

Kein Befehl

Onkel Hans ist in Gedanken versunken und bemerkt an der belebten Kreuzung nicht, dass die Ampel jetzt Grün zeigt. Eine hinter ihm stehende Dame drängt ungeduldig: »Es heißt doch gehen, warum gehen Sie denn nicht?«
»Gnädige Frau«, versetzt Onkel Hans, »ich betrachte dieses Zeichen als Einladung, nicht als Befehl!«

Obdachloses Auto

Die Familie Maier fährt im neuen offenen Cabriolet fröhlich ins Wochenende.
Glücklich jauchzt die kleine Heidi: »Ach, wie schön, unser obdachloses Auto!«

Einsagen

Auf der Fahrt in den Urlaub fragt die kleine Lotte: »Papi, konntest du eigentlich schon Auto fahren, bevor du die Mami geheiratet hast?«
»Natürlich, mein Kind!«
»Und«, meint der Dreikäsehoch, »wer hat dir da gesagt, wie du richtig fahren musst?«

Falsch geparkt

»Stell dir vor, für einmal Falschparken soll ich viertausend Euro zahlen!«
»Du meine Güte, wo hast du denn da geparkt?«
»In einer Telefonzelle!«

Reservieren

»Um Himmels willen«, ruft der Polizist und beugt sich erschrocken über die Dame im Rinnstein, »fehlt Ihnen was?«
»Nein, nein, mir fehlt nichts, Herr Inspektor! Ich halte nur diesen Parkplatz für meinen Mann frei.«

An alles gedacht

Fred und die hübsche Gerti fahren mit dem Wagen durch die Gegend. Plötzlich bleibt der Wagen stehen.
»Oh«, sagt der junge Mann, »eine Fügung des Schicksals. Wir haben kein Benzin mehr. Komm, Liebste!«
Da öffnet sie ihre große Handtasche und holt eine Flasche heraus. Ruft er erfreut: »Du hast an alles gedacht! Ist das Cognac oder Sekt?«
»Nichts von beiden«, lächelt Gerti, »Shell-Super!«

Ein bisschen mehr

»Für verbotenes Parken müssen Sie mir vierzig Euro geben«, sagt der Verkehrspolizist zur Fleischermeistersgattin, »oder darf es ein bisschen mehr sein?«

Papas Geburtstag

Sohn und Tochter unterhalten sich über den morgigen Geburtstag des Vaters.
»Womit können wir ihm eine Freude machen?«, sinniert der Sohn.
»Ich habe eine Idee«, meint die Tochter, »morgen darf er seinen Wagen benutzen!«

Aufregend

»Papa«, schlägt der vierzehnjährige Sohn vor, »lass doch die Mama fahren! Das ist immer so aufregend!«

Trocken

Auf einer Tafel auf einer Landstraße in Texas heißt es: »Der Fahrer ist sicherer, wenn die Straßen trocken sind, und die Straßen sind sicherer, wenn der Fahrer trocken ist.«

Blinker-Kontrolle

Ein Autofahrer lässt seinen Wagen beim ÖAMTC überprüfen. Der Ingenieur inspiziert das Fahrzeug: »Bitte Licht einschalten!«
»Danke, in Ordnung. Jetzt bitte auf die Bremse steigen. Bremslicht in Ordnung. Bitte die Blinker betätigen.«
Der Fahrer schaltet die Blinklichter ein.
Der Ingenieur notiert: »Geht – geht nicht – geht – geht nicht …«

Wie du mir

Sie sitzt an der Nähmaschine: »Vorsicht, Liebling«, sagt er, »nicht mit der Fingerspitze unter die Nadel kommen!«
»…?«
»Kannst du die Stiche nicht ein wenig enger setzen, damit die Naht auch hält?«
»…?«
»Ein bisschen schief bist du jetzt geraten. Schön ruhig den Stoff führen und …«
»Hau ab!«, platzt ihr der Kragen. »So etwas Dummes! Stellt mich als Narr hin und will mir das Nähen beibringen!«

Er wendet sich gekränkt ab: »Ich dachte nur, weil du mir auch immer beim Autofahren hilfst …«

Gesunder Verstand

Einem alten Londoner, der sich über die Unvorsichtigkeit der Autofahrer von heute beklagt, antwortet der Chefredakteur einer großen Tageszeitung der britischen Hauptstadt: »In Wirklichkeit, Sir Arnold, gab es vor hundert Jahren genauso viele schlechte Lenker wie heute. Aber zu jener Zeit lenkten sie eine Sache, die mehr gesunden Verstand hatte als sie selbst.«

Zwecklos

Maiers haben sich einen neuen Wagen geleistet, nunmehr einen ganz großen.
Am Sonntagnachmittag fragt sie: »Wollen wir nicht ein bisschen ausfahren?«
»Bei diesem miesen Wetter?«, knurrt er.
»Du hast recht«, entscheidet sie, »bei dem Nebel sieht uns sowieso keiner.«

Kontrolle

Ein Porsche rast mit hundertachtzig Sachen durch den Ort. Stoppt ihn ein Polizist: »Wir müssen eine Blutprobe machen!«
»Ich bin nicht betrunken, ich fahre eine Rallye!«
»Dann machen wir eine Doping-Kontrolle!«

Der Schilderwald

Der Papa am Steuer tritt fluchend auf die Bremse. Ein Wald von Verkehrszeichen tut sich auf: Umleitung – Achtung Baustelle – Überholen verboten – Geschwindigkeitsbeschränkung – Halteverbot – Frostaufbrüche …
Fragt das Söhnchen: »Papa, wohnen hier Schildbürger?«

Schottisch

Zeitungsnotiz: »Auf der Straße nach Glasgow kollidierten zwei Taxis. Alle zwanzig Insassen wurden verletzt.«

Typisch

Frau Maier fährt zur Autowerkstatt: »Ich brauche dringend einen längeren Ölmessstab!«
»Wieso?«
»Meiner reicht nicht mehr bis zum Öl.«

Verkehrsexperte

»Wo ein Ball ist, ist ein Kind nicht weit!«, sprach warnend der Fahrlehrer zu seiner Tochter, als deren Freund im Wagen vorfuhr, um sie zum Faschingsball abzuholen …

Nicht mitansehen

Ein Polizeiwagen überholt ein Auto mit Frau am Steuer. Im Vorbeifahren sehen sie am Rückfenster zwei männliche Beine. Sie winken die Dame an den Straßenrand und fragen sie, ob sie Hilfe brauche. Da erhebt sich der Mann, der verkehrt auf dem Rücksitz gelegen hat: »Wenn meine Frau fährt, kann ich einfach nicht daneben sitzen und das mitansehen!«

Verdrängungsprozess

»Sehen Sie sich das an!«, schimpft der Gast im Lokal. »Ich schneide die Wurst an, und was finde ich? Ein Stück Autoreifen, Herr Ober!«
»Ja, ja«, philosophiert der Ober, »so ist das heute auf der Welt. Überall wird das Pferd vom Auto verdrängt.«

Längere Erfahrung

Ein Fußgänger wird von einem Auto leicht angefahren. Darauf kommt es zwischen dem Fußgänger und dem Lenker zu einem Streit.
»Sie haben nicht aufgepasst«, schimpft der Autofahrer, »mir ist so etwas noch nie passiert. Ich fahre nämlich sehr vorsichtig. Schon seit zehn Jahren bin ich Autofahrer.«
»Das ist kein Beweis dafür, dass ich unvorsichtig gewesen bin«, erwidert der Fußgänger, »ich gehe nämlich schon seit fünfzig Jahren zu Fuß.«

Reingefallen

Ein sparsamer Fahrer verlangt bei einer Tankstelle drei Liter Benzin.
»Sie sind der Letzte, der den Sprit noch zum alten Preis bekommt«, sagt der Tankwart.

»Wenn das so ist«, freut sich der Sparsame, »dann nehme ich zwanzig, nein, gleich vierzig Liter.«
Als es ans Zahlen geht, fragt der Fahrer: »Wie hoch ist übrigens der neue Preis?«
»Drei Cent billiger.«

Wie im Schlaf

Ein Autofahrer nimmt einen Anhalter mit. Er fährt 120 …, 140 …, 160 Sachen. Der Anhalter zittert.
Die Frau des Fahrers dreht sich um und meint: »Sie brauchen keine Angst zu haben, mein Mann kennt die Strecke wie im Schlaf, gell Hugo, Hugo …? Huuuuugo!«

Trennscheibe

Ein reicher australischer Schafzüchter hat sich einen Rolls-Royce gekauft. Als der Autohändler ihn trifft, erkundigt er sich: »Na, und wie sind Sie mit dem Luxuswagen zufrieden?«
»Der ist klasse«, sagt der Mann, »und am besten finde ich die Trennscheibe!«
»Warum das?«
»Weil mir die Schafe, wenn ich sie zum Markt fahre, nicht mehr die Frisur in Unordnung bringen.«

Zwei Polizisten

»Herr Richter, warum haben Sie nur einen Polizisten als Zeugen herbestellt? Ich habe doch zwei gesehen!«
»Eben, deswegen sind Sie auch hier!«

Verkehr aufgehalten

Ein Liebespaar parkt im Halteverbot und umarmt sich. Ein Polizist klopft an die Scheibe: »Sie halten den Verkehr auf!«
Darauf die Dame: »Sie aber auch!«

Ausgezeichnetes Buch

»Diesen herrlichen Wagen verdanke ich nur einem ausgezeichneten Buch!«
»Einem Buch?«
»Ja, dem Scheckbuch meines Verlobten.«

Verkehrsvorschrift

Steht da tatsächlich in der Verkehrsvorschrift: »Wird an einer Straßenkreuzung der Verkehr polizeilich geregelt, so darf der Fahrer, der einbiegen will, den Schutzmann erst dann überfahren, wenn das Zeichen für freie Fahrt gegeben ist …«

Gehaltsverlosung

Franz lebt auf großem Fuß und fährt einen großen Straßenkreuzer. In seiner Firma ist er aber nur ein ganz kleiner Angestellter. Alle in der Firma staunen über den großen Wagen, und nach einiger Zeit wird es dem Chef zu bunt. Er ruft Franz zu sich: »Wie ist es möglich, dass Sie bei Ihrem Gehalt einen so großen Wagen fahren?«
Franz lächelt: »Ganz einfach. Jedesmal, wenn ich mein

Gehalt bekomme, verlose ich es unter der Belegschaft. Für einen Euro gebe ich jedem die Chance, meine 980 Euro zu gewinnen. Das Geschäft geht nicht schlecht – wir haben immerhin 13.800 Angestellte.«

Zufrieden

»Was für einen Wagentyp hast du dir gekauft?«
»Meine Frau wollte unbedingt einen Sportwagen, aber ich habe auf eine Limousine bestanden.«
»Aha – und wie bist du mit dem Sportwagen zufrieden?«

Mitnimmt

Der Generaldirektor sucht händeringend seinen Chauffeur. Er kann ihn nicht finden, trifft aber dessen kleine Tochter. Der Generaldirektor fragt sie, wo der Papa sei. Das Mädchen zuckt die Schultern. Diese Gleichgültigkeit bringt den Gewaltigen erst recht in Rage. Er fragt fast drohend: »Weißt du denn, wer ich bin?«
»Natürlich weiß ich das«, sagt die Kleine gar nicht eingeschüchtert, »du bist doch der Onkel, den Papa immer mit seinem Auto mitnimmt.«

Klavier als Anzahlung

»Was, du hast ein Auto?«
»Ja, ich habe mein Klavier als Anzahlung gegeben.«
»Seit wann nehmen denn Autohändler Klaviere in Zahlung?«
»Sonst ja nicht, aber dieser Händler wohnt neben mir!«

Keinen Verkehr gehabt

»Sie sind verkehrswidrig über die Straße gegangen«, tadelt der Polizist eine Dame. »Das müssten Sie doch wissen! Die Verkehrsregeln lernen ja schon die Kinder in der Schule im Verkehrsunterricht!«
»Vielleicht heutzutage«, sagt sie schnippisch, »ich habe jedenfalls in der Schule noch keinen Verkehr gehabt.«

Bei dem Auto

Die Eltern sind mit der Wahl der Freundinnen ihres Sohnes nicht ganz einverstanden: »Du musst doch als junger Mann doch etwas wählerischer sein.«
»Tut mir leid, Papa«, sagt der holde Knabe, »aber mit unserem Auto kann ich keine besseren Mädchen kriegen!«

Scheibenwischer

In den Anfangsjahren des Automobils wurde in Connecticut ein Gesetz erlassen, das die Anbringung von Scheibenwischern bei Autos vorschreibt. Das Gesetz musste um einen zweiten Paragraphen ergänzt werden: »Das Vorhandensein von Windschutzscheiben wird zur Pflicht gemacht …«

Vorfahren nachfahren

»Es gibt Autofahrer«, sagte ein berühmter Schauspieler einmal, »die können das Vorfahren nicht lassen, bis sie ihren Vorfahren nachfahren müssen.«

Pessimist

Ein Pessimist ist ein Mann, der vorsichtig nach beiden Seiten schaut, bevor er eine Einbahnstraße überquert.

Nur angeheitert

»Ich war nicht betrunken«, beteuert der Autofahrer vor dem Richter, »ich war bloß ein wenig angeheitert.«
»So, so, das ist natürlich etwas anderes«, meint der Richter, »dann bekommen Sie nicht sieben Tage, sondern bloß eine Woche Arrest!«

Durchsuchen Sie mich

Der Polizist fragt einen Verdächtigen: »Sind Sie nicht der Typ, der vorhin einen Kleinwagen gestohlen hat?«
»Nein, nein! Sie können mich ja durchsuchen!«

Zu jung

Der Polizist fragt den jugendlichen Autofahrer nach seinem Führerschein.
Erstaunt fragt der junge Mann zurück: »Den Führerschein? Ich dachte, den gibt es erst mit achtzehn?«

Erzählen oder lesen

»Papa«, sagt der achtzehnjährige Sohn, »soll ich dir von meiner ersten Fahrt mit deinem Auto erzählen, oder willst du es morgen in der Zeitung lesen?«

Ein paar Minuten

Ein Polizist hält eine Autofahrerin an: »Das Kind darf erst ab zwölf auf dem Beifahrersitz sein!«
Sie schaut auf die Uhr: »Seien Sie doch nicht so kleinlich, Herr Inspektor, wegen der paar Minuten!«

Kürzester Weg

»Sie leben seit dreißig Jahren in dieser Stadt und können mir nicht einmal den kürzesten Weg zum Bahnhof beschreiben?«, staunt der Passant.
»Sie müssen schon entschuldigen, ich bin Taxifahrer.«

Sprache verloren

»Ich höre, der Philologe Maier hat bei einem Autounfall die Sprache verloren.«
»Was heißt die Sprache? Vierzehn Sprachen hat er verloren!«

Rechtzeitig stoppen

Frau Obermaier hat sieben Kinder und hat sich einen Minivan angeschafft. Eines Tages fährt sie bei Rot über die Kreuzung. Der Polizist hält sie an und ist gerade dran, sie ordentlich zusammenzustauchen. Da sieht er den Wagen voller Kinder und Rührung überkommt ihn. Er sagt nur mehr: »Sie müssen rechtzeitig stoppen, liebe Frau!«
Frau Obermaier wird wütend: »Dös geht eahna an Dreck an!«

Teures Inserat

Maier will sein Auto verkaufen und ruft bei der Zeitung an: »Wie viel kostet bei Ihnen ein Inserat?«
»Fünf Euro pro Quadratzentimeter.«
»Das kann ich mir nicht leisten! Mein Auto ist viereinhalb Meter lang!«

Rundfahrt

»Ich will mit meinem Auto eine Rundfahrt um die Erde machen. Kommst du mit?«, fragt er.
Meint sie: »Lieber nicht. Im Kreis fahren kann ich nicht vertragen, da werde ich schwindlig.«

Kleiner Käfig

»Barbarisch!«, schimpft der Bärenvater im Yellowstone Nationalpark angesichts eines vollgestopften Personenwagens. »So viele Menschen in einem so kleinen Käfig.«

Verdrängt

Sinniert Gustav: »Das Auto hat die Pferde weitgehend verdrängt, aber leider nicht die Esel.«

Gute Erfindung

»Das Auto ist eine herrliche Erfindung«, schwärmt die eine, »wenn ich bedenke, wie viel Geld mein Mann damit verdient …«

»Ah, hat Ihr Mann eine Autowerkstätte?«
»Wo denken Sie hin, er ist Unfallchirurg!«

Denkmäler

Technik, Fortschritt und Umweltschutz sind Themen in der Volkshochschule. »Eines Tages wird das Auto das Pferd zur Gänze verdrängt haben!«, doziert der Vortragende.
»Dös glaab i net«, sagt der Huber Ludwig.
»Aber wozu soll denn das Pferd dann noch gut sein?«
»Für die Denkmäler! Oder ham Sie scho amol a Denkmal gsehn, wo oaner am Steuer von an Auto sitzt?«

Kleiner Irrtum

»Ferdinand, meine Hutschachtel!«, kreischt die Gattin auf. »Du hast sie im Taxi liegengelassen.«
Er rast gestikulierend dem Taxi nach: »Die Schachtel ist noch im Auto!«
»Aber nein«, antwortet der Fahrer nachdrücklich, »die ist doch mit Ihnen ausgestiegen!«

Zu lange überlegt

»Na, was ist, habt ihr euch das nun überlegt, ob ihr zwei Motorräder oder eines mit Beiwagen kaufen wollt? Ihr habt doch schon davon gesprochen, als ihr vor einem Jahr geheiratet habt.«
»Ja, wir haben zu lange überlegt. Jetzt müssen wir einen Kinderwagen kaufen!«

Der Bremsweg

»Was ist ein Bremsweg?«, fragt der Fahrlehrer.
Gibt die gefragte Fahrschülerin zur Antwort: »Die Strecke zwischen dem Augenblick, wo man erschrickt, und dem, wo es kracht.«

Keine Räder

Beim Zoobesuch erklärt der Vater seinem Sohn: »Das ist ein Jaguar.«
Der Sohn schüttelt den Kopf: »Das glaub ich nicht! Der hat ja keine Räder!«

Unvorsichtig

»Beim Autofahren soll man sich absolut durch nichts ablenken lassen«, stellt Maier am Stammtisch fest, »denn sonst ist gleich ein Unheil da. Ich habe mich von einer Begleiterin nur einmal küssen lassen!«
»Und dann kam es zu einem Unfall?«
»Nein, das nicht«, sagt Maier mit finsterer Miene, »aber zwei Monate später war ich verheiratet …«

Guter Schütze

»Ist Ihr Mann eigentlich ein guter Schütze? Wir sehen ihn immer in Jägerkleidung an unserem Feriendomizil vorbeikommen.«
»Wild bringt er ja selten nach Hause. Aber wenn er mit dem Auto fährt, dann bringt er immer etwas Schönes mit:

eine Ente, eine Gans, ein Huhn. Gestern ist er sogar mit einem netten Spanferkel nach Hause gekommen!«

Kann nicht heraus

Der Polizist lässt dem Schauspieler auf der Bühne einen Zettel reichen: »Wenn der rote Wagen vor dem Theater Ihnen gehört, müssen Sie wegfahren.«
Als der Schauspieler von der Bühne kommt, bestätigt er zunächst, dass es tatsächlich sein Wagen ist.
»Sie müssen ihn wegfahren. Sie stehen mit dem rechten Vorderrad auf einem Schachtdeckel, und in diesem Schacht befindet sich ein Arbeiter, der will schon seit einer Stunde Feierabend machen.«

Unleserlich

Ein Polizist stoppt einen jungen Mopedfahrer: »Dein Nummernschild ist unleserlich!«
»Ah, das macht nichts, ich weiß sie auswendig!«

… mit der Bahn

Die Erfindung der Dampfmaschine, und damit der Dampflokomotive, hat zu derartigen Umwälzungen geführt, dass sie zu einem der wichtigsten Faktoren der Konjunktur der Weltwirtschaft geworden ist. Die Dampflokomotive ist zum begehrten Objekt für Nostalgiker geworden. Die Bedeutung des modernen Bahnverkehrs auf den Hauptrouten ist nach wie vor gegeben, nur die Nebenbahnen sind zu einem Schwach- und Streitpunkt geworden.

Morgenzug

Die Gleise führen mitten durch das Dorf. Wenn der Schnellzug um halb fünf Uhr morgens vorbeidonnert, zittern alle Häuser. Gleichwohl ist das Familienleben in dieser Ortschaft glücklich. Es wimmelt nur so von Kindern. Ein Reisender, der sich beim Apotheker staunend nach der Ursache des reichen Kindersegens erkundigt, bekommt zur Antwort: »Macht alles nur der Halb-fünf-Uhr-Express, der die Leute in ihren Betten weckt. Zum Aufstehen ist es noch zu früh, zum Wiedereinschlafen bereits zu spät.«

Jenseits des Ganges

Zwei Freunde fahren von einer zünftigen Kirchweih mit der Bahn heim. Die zerdrückten Hüte, der alkoholhaltige Atem und die ratenweise Sprache beweisen, dass es eine

Gaudi gewesen ist. Ein paar Stationen weit sind sie schon gefahren; da sagt der eine, als der Zug wieder einmal hält:
»Geh, Maxl, schau amal außa, wo mir jetzt san!«
Maxl stiert hinaus, dann ruft er voll Entsetzen: »Franzl – aus is! Mir san in Indien!«
»Ja, gibt's denn dös a?«, fragt der andere erbleichend.
»Sicher! Da draußen auf der Tafel steht: ›Toiletten jenseits des Ganges!‹«

Fährt Zug schon?

»Sag mal, fährt der Zug schon?«
»Glaubst du etwa, deinetwegen werden sie den Bahnhof vorbeischieben?«

Im Schnellzug

Durch den Schnellzug von Wien nach Klagenfurt geht der Speisewagenkellner und bietet seine Erfrischungen an. Eine Frau will zwar nichts kaufen, aber sie fragt: »Sagen Sie, Herr Ober, wann kommt denn Klagenfurt?«
»Das kommt überhaupt nicht, da fahren wir hin.«

Nur begleiten

Drei Professoren disputieren neben einem abfahrtbereiten Zug. Die Aufforderung zum Einsteigen überhören sie. Ein Pfiff, die Waggons beginnen zu rollen und die drei traben los.
Zwei bugsiert der Schaffner noch durch die Türe, der Dritte bleibt zurück.

Ein mitfühlender Zeitgenosse tröstet: »Pech für Sie. Aber zwei haben es wenigstens geschafft.«
Der Zurückgebliebene nickt: »Allerdings wollten die beiden mich nur zum Zug begleiten …«

Brücke beschädigen

Im Schnellzug. Schaffner: »Stecken Sie den Kopf nicht so weit aus dem Fenster, mein Herr!«
Reisender: »Was geht das Sie an?«
Schaffner: »Sie könnten doch eine Eisenbahnbrücke beschädigen!«

Bummelzug

»Na, Herr Schaffner, wann fährt denn der Bummelzug eigentlich ab?«
»Wenn die Bummler alle beisammen sind.«

Gilt drei Tage

Ein aufgeregter Reisender wendet sich auf dem Hauptbahnhof an einen Bahnbeamten: »Jetzt hat der Zug schon zwanzig Minuten Verspätung!«
»Wos wolln S' denn?«, beruhigt der geplagte Beamte, »Ihre Karte gilt ja drei Tag.«

Wieder benützen

Ein Mädchen steigt in einen falschen Zug. Bei der Revision merkt sie den Irrtum, verlässt bei der nächsten Haltestelle den Zug und meldet ihr Missgeschick dem Stationsvorstand. Dieser stellt ihr nun nachstehende amtliche Bescheinigung aus: »Besitzerin dieser Karte wurde auf der Strecke Wien – N. verführt; hierorts abgestempelt und kann auf der Rückfahrt wieder benützt werden.«

Fell und Schnauze

Ein Reisender am Fahrkartenschalter: »Gibt es auch eine billigere Fahrkarte als die zweite Klasse?«
»Schon, aber da brauchen Sie ein Fell und eine Schnauze.«

Sichere Bahn

Frau Kraus sagt zu ihrem Mann: »Hast du gewusst, dass auf hunderttausend Autounfälle nur ein Eisenbahnunglück kommt?«
»Kein Wunder«, sagt er, »hast du schon mal gehört, dass der Lokomotivführer einen Arm um den Heizer gelegt hat?«

Hundesitzplatz

Herr Pichler kauft Fahrkarten. Er hat seinen Schäferhund dabei. Für diesen wird der halbe Fahrpreis verlangt.
»Das ist doch die Höhe«, protestiert Herr Pichler, »dann kann mein Hund ja auch einen Sitzplatz beanspruchen?«
»Selbstverständlich«, antwortet der Schalterbeamte, »aber unter der Bedingung, dass er seine Füße nicht auf den Sitz legt!«

Die Fahrkarte

Im Zug ist Fahrkartenkontrolle. Max sucht sämtliche Taschen durch. Er sucht hier und dort, aber die Fahrkarte ist nicht zu finden. Plötzlich lacht der Kontrolleur auf: »Sö haltn ja die Fahrkartn zwischen die Zähn'.«
»A so!«, meint da der Max aufatmend, nimmt die Fahrkarte aus dem Mund und reicht sie dem Beamten, der sie grinsend knipst.
Etwas später fragt der neben Max sitzende Fahrgast: »Sö, Herr Nachbar, ham S' wirkli net gwußt, dass S' eahnere Kartn zwischn de Zähn ghabt ham?«
»Freili hab i's gwußt«, gesteht da der Max, »i hob doch des Datum abbeißn müassn.«

Stehplatz anbieten

Die U-Bahn ist überfüllt. Eine ältere Dame tippt einem sitzenden Jüngling auf die Schulter: »Entschuldigen Sie bitte, darf ich Ihnen meinen Stehplatz anbieten?«

Vierfacher Preis

In der überfüllten U-Bahn wird ein kleiner, schmächtiger Mann von einem großen Dicken rücksichtslos gegen die Wand gequetscht. Wutschnaubend ruft er: »Die Fettwänste müssten den doppelten Fahrpreis bezahlen.«
»Die Idioten auch«, entgegnet kühl der Dicke.
»Vier Fahrscheine für den Herrn«, verlangt darauf der Kleine vom Schaffner.

Fahrt im Tunnel

In einem Abteil des D-Zuges München – Innsbruck sitzen eine Mutter mit ihrer achtzehnjährigen Tochter, ein Preuße und ein Bayer. Der Zug fährt durch einen Tunnel, im Abteil wird es stockfinster. Plötzlich hört man ein schmatzendes Geräusch und gleich drauf ein lautes Klatschen. Der Zug verlässt den Tunnel, es wird wieder hell, und der Preuße reibt sich seine Wange.
Was denken sich nun die vier Leute?
Die Mutter: »Der junge Mann hat meiner Tochter einen Kuss geben wollen, und sie hat sich verhalten, wie sich das für ein wohlerzogenes Mädchen gehört.«
Die Tochter: »Der wollte mich küssen, hat aber versehentlich die Mutti erwischt.«
Der Preuße: »Der bayerische Kerl hat die Kleine geküsst, und ich hab die Ohrfeige dafür bekommen.«
Der Bayer aber denkt: »Im nächsten Tunnel schnalz ich wieder mit der Zung', und dann gib i dem Saupreiß die zwoate Watschn.«

Armer Mann

Ein Mann sitzt in der Eisenbahn. »Würden Sie so nett sein und mir das rechte Bein auf den Sitz legen?«, bittet er sein Gegenüber.
»Selbstverständlich.«
Nach einer Weile sagt der Mann: »Würden Sie mir auch das linke Bein hinauflegen?«
»Bitte gern.«
Und wieder nach einer Weile: »Sehen Sie das aufblasbare

Kissen im Gepäcknetz über mir? Bitte blasen Sie es auf und legen Sie es mir in den Rücken.«
Der andere tut auch das.
Schließlich fragt er erschöpft: »Sagen Sie, armer Mann, was haben Sie eigentlich?«
Der Mann sieht ihn erstaunt an: »Was ich habe? Urlaub natürlich!«

Zwei Seelen

Der Zug ist getreten voll. Da wird ein Platz frei. Von der einen Seite will sich eine korpulente Frau, von der anderen ein Kaufmann hinsetzen. Da stoßen beide zusammen.
»Zwei Seelen und ein Gedanke«, lacht der Kaufmann.
»Ja«, sagt die Wohlgebaute, »vier Arschbacken und nur ein Platz!«

Fahrgäste verloren

»Nie wieder fahre ich mit der Bundesbahn«, schimpft Maier, »das ist mir viel zu gefährlich. Hier lese ich schon wieder, dass sie jedes Jahr fünf Prozent ihrer Fahrgäste verliert.«

Enger Rock

Bahnhof. Große Drängelei vor einer Waggontür. Ein junges Mädchen bekommt nicht den Fuß aufs Trittbrett, da der Rock sehr eng ist. Ruft von hinten eine Frau: »Mach' doch den Reißverschluss hinten auf, dann geht's!«
Sie fummelt herum, geht noch immer nicht, fummelt

nochmals, bekommt das Bein nicht hoch. Fummelt wieder, da sagt der Herr hinter ihr: »Fräulein, wenn Sie mir noch mal den Reißverschluss meiner Hose aufmachen, wird's ernst!«

Schlagfertig

In einem Eisenbahncoupé fährt ein hübsches Fräulein allein. Bei der nächsten Station steigen vier junge Herren zu, welche sich der Reihe nach im Scherze vorstellen:
»Ich bin Karl, aber nicht der Große.«
»Ich bin Heinrich, aber nicht der Achte.«
»Ich bin Ludwig, aber nicht von Bayern.«
»Und ich bin Benedikt, aber nicht der Papst.«
»Schon gut«, lächelt das Fräulein, »ich bin Maria, aber nicht die Jungfrau!«

Umsteigen

Es war Glatteis auf der Straße und ein eiliger Passant saust die U-Bahn-Treppe auf dem Hosenboden abwärts. Dabei reißt er ein junges Mädchen mit sich, die starr vor Schreck die Reise auf seinem Schoß macht. Unten angelangt, bleibt sie benommen sitzen. Da ruft er: »Endstation, alles aussteigen. Wenn Sie noch weiter wollen, Fräulein, dann müssen Sie umsteigen.«

Schnurrbart fehlt

In der Eisenbahn sagt ein Herr plötzlich zu seinem Gegenüber: »Verzeihen Sie, mein Herr, dass ich Sie immer so

ansehe. Sie haben eine verblüffende Ähnlichkeit mit meiner Schwiegermutter. Nur der Schnurrbart passt nicht.«
»Aber ich habe doch gar keinen Schnurrbart«, meint der Angesprochene verwundert.
»Aber meine Schwiegermutter!«, ist die Antwort.

Schülertreffen

Ein sehr alter Mann sitzt im Zug. Sein Nachbar fragt ihn, wohin er fährt.
»Zum Schülertreffen«, sagt der Alte.
»Oh, da kommen wohl nicht mehr viele?«
»Nein, nein, ich bin schon seit zehn Jahren der Einzige.«

Falscher Zug

Eine durstige weibliche Seele steigt unter zu viel Feuchtigkeit zweimal in einen falschen Zug. Schließlich wird die Lady vom Schaffner in den richtigen Zug gesetzt. Sie kommt gerade gegenüber einem Geistlichen zu sitzen.
Der fromme Mann fühlt sich verpflichtet, der schwachen Tochter ins Gewissen zu reden: »Wissen Sie auch, wohin Ihr Weg Sie führt? Geradewegs in die Hölle!«
»Verdammt«, zischt die Betrunkene aus der Ecke hervor. »Da bin ich ja schon wieder im falschen Zug!«

Im Fundbüro

»Ich habe heute in der U-Bahn eine Flasche französischen Cognac verloren, Fräulein, ist sie vielleicht bei Ihnen abgegeben worden?«

»Nein, die Flasche Cognac nicht, aber der Herr, der sie gefunden hat.«

Verkehrsdirigent

Franz Lehar dirigierte beinahe noch lieber, als er komponierte. Er war weit und breit dafür bekannt, dass er besessen war von der Sucht zu Dirigieren.
Einmal fuhr Lehar im Schlafwagen von Berlin nach Zürich. Ein kleines Hemmnis auf der Strecke bringt den Zug zum Stehen. Die Passagiere öffnen verstört die Fenster und fragen, was da los sei, aber die Beamten streiten untereinander und hören die Fragen nicht.
Eine tiefe Stimme lässt sich aus einem Abteil verärgert vernehmen: »Was ist denn das für ein Betrieb? Zum Donnerwetter, wer dirigiert denn hier den Verkehr?«
Lehar streckt seinen Kopf aus dem Fenster seines Waggons und fragt halb schlaftrunken: »Bittschön, soll ich vielleicht …?«

Zurücktreten

Wussten Sie eigentlich schon, warum unsere Regierung so ungern mit dem Zug fährt?
Weil die Stationsvorsteher immer rufen: »Zurücktreten, bitte!«

Nur eine Fahrkarte

Auf der einzigen Bahnlinie in Israel zwischen Haifa und Akko fahren jeden Tag zwei Israelis und zwei Araber zur

Arbeit. Die beiden Israelis nehmen immer nur eine Fahrkarte. Bevor der Schaffner kommt, schleichen sie ins WC. Der Schaffner sieht, es ist besetzt, klopft mit der Zange an die Türe, der Israeli steckt die Karte zum Spalt hinaus, der Schaffner zwickt sie und steckt sie wieder zurück.
Eines Tages stehen die beiden Israelis hinter den Arabern.
»Schau, die sind gekommen auf unseren Schmäh und nehmen heute auch nur eine Karte!«
»Sehr gut, dann brauchen wir heute gar keine Karte!«
»Wie soll das gehen: vier Leute und nur eine Karte?«
»Lass mich machen!«
Wie die zwei Araber ins WC schleichen, schleichen die beiden Israelis nach. Kurzes Klopfen mit dem großen Schlüssel. Der Araber steckt die Karte durch den Schlitz heraus.
Unser Israeli schnappt die Karte: »So, und wir suchen uns ein anderes Klo!«

Nicht unkontrolliert

Zollbeamter zum Fahrgast: »Haben Sie sonst noch etwas zum Verzollen bei sich?«
»Na, aber sagen S', Herr Inspektor, san Sie immer so streng?«
»Ich hab noch nie einen unkontrolliert fahren lassen!«

Chinesisch

Ein Berliner und zwei Tiroler sitzen in einem Abteil eines Zuges, der Richtung China fährt. Der Berliner weiß nicht, wer seine Gegenüber sind.

Einer der beiden Tiroler sieht zum Fenster hinaus und sagt: »Sche scheint d' Sunn.«
Der andere erwidert: »D' Sunn scheint sche.«
Worauf der Berliner voller Hochachtung zu sich sagt: »Aha, die ersten Chinesen!«

Arg abgelegen

Ein entlegener Bergbauer in Tirol hat eine Reise nach Paris gewonnen. Er geht eine halbe Stunde bis zum Bus, fährt dann mit der Lokalbahn, dann mit der Bahn nach Innsbruck und dann mit dem Express nach Paris. Er schaut sich Paris gründlich an und fährt dann wieder mit dem Express bis nach Innsbruck, dann mit dem Bummelzug, dann mit der Lokalbahn, dann mit dem Bus, geht seine halbe Stunde zu Fuß heim.
»Na, wie war es in Paris?«
»Paris ist scho schön, aber arg abgelegen …«

Lange warten

»Wenn du beim Anziehen nicht so gebummelt hättest, hätten wir den Zug noch gekriegt!«
»Und wenn du nicht wie ein Verrückter zum Bahnhof gerannt wärst, müssten wir jetzt nicht so lange auf den nächsten Zug warten!«

Gastarbeiter

U-Bahnbau in Wien. Überall sind die Straßen aufgerissen. Interessiert schaut ein norddeutsches Ehepaar bei den

Erdarbeiten zu. Schließlich fragt der Mann: »Was macht ihr da eigentlich?«
Der Arbeiter antwortet: »Ramma damma.«
Das verstehen die beiden nicht. Sie reden einen anderen Arbeiter an. Der erklärt: »Ramma duri.«
Sie verstehen kein Wort und wenden sich hilfesuchend an einen Passanten. Der gibt Auskunft: »Ramma dans.«
»Komm«, sagt da der Mann zu seiner Frau, »da ist nichts zu machen. Sind eben Gastarbeiter. Alles Inder!«

Bundesbahner

Der Franz sagt nach sechs Flaschen Bier zum Karl: »Du, i bin der geborene Bundesbahner. Auf d'Nacht hab i an guatn Zug, in der Nacht hab i Verspätung, und in der Fruah bleib i auf der freien Strecke liegn.«

Entgleisungen

»Sagen Sie, wo passieren eigentlich die meisten Entgleisungen bei der Bahn?«
»Wo? Natürlich in der Direktion!«

Unter Armen verteilt

Hochwürden hat im Ausland billig Kaffee eingekauft. Jetzt gilt es, den durch den Zoll zu bringen. Er klemmt ein Paket unter den linken und ein Paket unter den rechten Arm.
Der Grenzbeamte fragt höflich: »Hochwürden, auch etwas eingekauft?«

»Ja, mein Sohn. Zwei Kilo Kaffee und den habe ich unter den Armen verteilt.«

Etwas anderes

Maier holt seine Frau am Bahnhof ab. »Du scheinst dich aber nicht sehr über meine Rückkehr zu freuen. Schau mal das Paar dort drüben an, der Mann küsst sie schon zum dritten Mal!«
»Das ist etwas anderes. Die Frau reist gerade ab!«

Dann eben nicht

Gruber fragt im Abteil eine Mitreisende, ob es sie störe, wenn er rauche.
»Tun Sie gerade so wie zu Hause!«, meint die Dame.
Darauf steckt er die Zigarre weg und meint seufzend: »Na, dann eben nicht!«

Zwei Spieler

Im Schnellzug Klagenfurt – Graz gibt es zwischen zwei Herren eine leidenschaftliche Unterhaltung: »Sie kommen aus Velden?«
»Ja.«
»Sie haben gespielt?«
»Jeden Tag.«
»Und, viel verloren?«
»Nichts.«
»Nichts? Nie verloren? Bitte sagen Sie mir Ihr System!«
»Ich spiele Saxophon!«

Hilferuf

Der Zug nähert sich einem Tunnel. Im Abteil sitzen eine ältere Dame und ein junger Mann allein zusammen.
Die Dame sieht den jungen Mann scharf an und sagt drohend: »Wenn Sie versuchen, mich zu küssen, rufe ich um Hilfe!«
Nickt der junge Mann: »Ich auch!«

Schwerhörig

Wohlwollend betrachtet die alte Dame in der Bahn den Jungen. Der kaut die ganze Zeit an seinem Kaugummi. Nach einer Weile beugt sich die Dame vor: »Ist ja lieb, junger Mann, dass Sie mich so nett unterhalten, aber es hat keinen Sinn, ich bin schwerhörig.«

Auf dem Bahnsteig

»Würden Sie wohl für ein paar Minuten auf meinen Koffer aufpassen?«
»Erlauben Sie, mein Herr, ich bin Bankdirektor!«
»Das macht nichts, ich vertraue Ihnen trotzdem.«

Ins Kreuz

Es war etwa zwei Kilometer von der Kleinstadt entfernt. Da marschierte ein Mann mit Köfferchen auf den Eisenbahnschienen entlang. Als er an einigen Streckenarbeitern vorbeikommt, fragt er: »Entschuldigen Sie, meine Herren, wo kriege ich den Zug nach Wien?«

»Wenn Sie nicht gleich von den Gleisen verschwinden«, war die Antwort, »bekommen Sie ihn direkt ins Kreuz!«

Schnaps

Durch den fahrenden Zug läuft ein aufgeregter Herr und ruft: »Hat jemand einen Schnaps bei sich? In meinem Abteil ist einer Dame schlecht geworden.«
Man reicht ihm eine Flasche. Er nimmt einen kräftigen Schluck. »Ah, das tut gut. Ich kann keine ohnmächtige Frau sehen!«

General und Bischof

Zwei alte Schulfreunde, die sich schon als Schüler immer geneckt haben, treffen sich nach vielen Jahren zufällig auf einem Bahnsteig, wo beide auf den Zug warten. Der eine ist inzwischen General geworden und trägt Uniform, der andere ein wohlbeleibter Bischof.
Der Bischof, wie früher zu Scherzen aufgelegt, geht auf den General zu und fragt: »Sagen Sie, Herr Stationsvorsteher, wann geht der nächste Zug nach Köln?«
Worauf der General antwortet: »Aber gnädige Frau, in diesem Zustand sollten Sie doch lieber nicht reisen.«

Wie verheiratet

Im Schlafwagen liegt oben eine Frau und im unteren Bett ein Mann. Er war gerade eingeschlafen, meldet sich die Frau: »Würden Sie so gut sein und mir eine Decke holen, mich friert.«

»Gnädige Frau, ich schlage Ihnen etwas anderes vor. Tun wir doch so, als wären wir verheiratet! Einverstanden?«
»Sie sind aber ein ganz Schlimmer. Trotzdem sage ich ja.«
»Gut, Gnädigste, dann holen Sie sich Ihre Decke selber!«

Schöner Parkplatz

Im Abteil sitzen sich ein Herr und eine Dame gegenüber. Die aparte junge Dame trägt am Halsband ein goldenes Auto. Der Herr blickt immerzu auf den Anhänger.
Sie fragt geschmeichelt: »Gefällt Ihnen mein kleines Auto?«
»Das auch«, antwortet der Herr, »aber noch mehr der Parkplatz!«

Blinddarm

Im Abteil sitzen zwei Frauen einem Arzt gegenüber. Die beiden Frauen unterhalten sich über die Vor- und Nachteile der Blinddarmoperation. Die Debatte wird immer hitziger und schließlich wendet sich eine der beiden Frauen an den Mitreisenden und fragt: »Entschuldigen Sie, mein Herr, Sie sehen so intelligent aus, da können Sie uns vielleicht sagen, ob man ohne Blinddarm leben kann!«
Schmunzelnd antwortet der Chirurg: »Sie schon, aber ich nicht.«

Wahres Alter

»Wie alt bist du, Kleine?«
»Zehn Jahre, aber in der Eisenbahn erst neun.«

Mutiger Mann

Im vollbesetzten Abteil erhebt sich ein Mann von seinem Sitz, legt seine Handschuhe zum Zeichen, dass der Platz besetzt ist, auf die Bank und begibt sich in den Speisesaal. Als er zurückkommt, ist sein Platz von einer pompösen Dame besetzt. Die Dame betrachtet den Angriff als beste Verteidigung und zischt ihn mit blitzenden Augen an: »Wissen Sie auch, mein Herr, dass ich eine von den Direktorsfrauen bin!«
»Gnädigste«, sagt der Herr fest, »und wenn Sie auch die einzige Frau des Direktors wären, ich protestiere trotzdem!«

Vorzeitige Abfahrt

Auf Antrag des Bahnhofvorstandes wurde in San Sebastian ein Papagei verhaftet. Seit fünf Jahren lebt das Tier nahe dem Bahnhof. Im Laufe der Zeit hat der Papagei den Pfiff des Stationsvorstehers originalgetreu nachzuahmen gelernt. Und immer wieder sind Züge auf den Pfiff des Papageien schon vorzeitig abgefahren.

Trägerlohn

»Stell dir vor«, erzählt ein Gepäckträger dem anderen, »eben habe ich so einem Typen zwei schwere Koffer zum Zug getragen, und hinterher drückt er mir etwas in die Hand und sagt: ›Hier, das ist für Ihren Kaffee‹!«
»Wie viel war es denn?«
»Ein Stück Würfelzucker!«

Vater meines Kindes

Ein bekannter Schauspieler sitzt einmal im Zug einer netten jungen Dame gegenüber, die ihn immer wieder anschaut und schließlich fragt: »Entschuldigen Sie, sind Sie nicht der Vater eines meiner Kinder?«
Der Schauspieler ist perplex: »Ich kann mich nicht erinnern, nein, ich glaube in diesem Falle …«
Die junge Dame sagt ganz unbefangen: »Ach, ich meinte nur – einer meiner Schüler sieht Ihnen so ähnlich.«

Begründete Eifersucht

»Nein, mein Kind, daran ist wirklich nichts Verdächtiges, wenn dein Mann einmal den Zug versäumt. Das kann jedem passieren.«
»Schon, Papa, aber er hat mir um zwei ein SMS geschickt, dass er den Drei-Uhr-Zug versäumt hat!«

Wir geben auf

Als der seinerzeit berühmteste Läufer Nurmi verreisen wollte, setzte sich der Zug gerade in Bewegung. Nurmi schlug einen mächtigen Trab an und lief hinterher. Als der Lokführer ihn sah, bremste er ab und rief aus dem Fenster: »Schon gut, Herr Nurmi – wir geben auf!«

Ordnung muss sein

»Worauf warten wir noch?«, fragt ein Reisender auf der Nebenbahn den Schaffner.

»Wir sind eine halbe Stunde zu früh und da könnte etwas passieren, wenn wir nicht warten.«
»Was, zu früh? Eine halbe Stunde Verspätung haben wir!«
»Ja, aber sonst haben wir eine ganze Stunde!«

Kein Schaffner

Der leicht beschwipste Sepp steigt in die U-Bahn und reicht dem Uniformierten einen Schein hin.
»Was erlauben Sie sich?«, empört sich der Herr, »ich bin Admiral und kein Schaffner!«
»Tschuldigung«, lallt Sepp, »ich wusste ja nicht, dass ich auf einem Schlachtschiff bin.«

Keine Dienstvorschrift verletzt

»Sagen Sie, Herr Bahnhofsvorstand, wurden bei der Entgleisung auch Personen verletzt?«
»Ja, ungefähr zehn, aber Gott sei Dank keine Dienstvorschrift!«

Ungehobelt

»Auf meiner letzten Bahnfahrt hat so ein Engländer seine langen Beine auf meinen neuen Anzug gelegt und geschlafen. Das war vielleicht ein ungeschliffener Patron!«
»Da hätte ich mich doch gewehrt!«
»Ich kann doch kein Wort Englisch.«

… mit dem Bus

Die Autobuslinien wurden als Zubringer für die Bahn und für den Nahverkehr eingerichtet. Die Busfahrer kannten die meisten Reisenden persönlich; dementsprechend war auch die Begrüßung und Konversation. Zwischen Postautobus- und Bundesbahnautobusbetreibern gab es strenge gesetzliche Richtlinien und auch Konkurrenzdenken. Heute sind beide vereint, nur die Kennzeichentafeln sind zum Teil noch die alten …

Vatikatze

Im vollen Bus fragt die kleine Kathi die Mutti: »Ist unsere Katze eine Muttikatze oder eine Vatikatze?«
»Eine Vatikatze.«
»Mutti, warum weißt du denn das?«
Alles ist auf die Antwort der Mutter gespannt.
»Weil sie einen Schnurrbart hat«, zieht sich die Mutti aus der Affäre.

Nach Gewicht zahlen

Ein sehr magerer Herr lässt einen in Fahrt begriffenen Autobus halten und steigt ein. Da er sich auf den noch leeren vierten Platz nur mit Mühe einzwängen kann, murmelt er ärgerlich: »Solche Leute sollten nach dem Gewicht zahlen!«
Hierauf erwidert sein Nachbar: »Aber, Freunderl, dann wär' ja der Wagen wegen eahna gar net stehn blieben!«

Im richtigen Bus

Frau Huber steigt in Linz in den Autobus. Sie setzt sich, faltet eine Karte von Los Angeles auf und beginnt darin zu studieren. Ihr Sitznachbar schaut eine Weile nachdenklich zu, dann fragt er vorsichtig: »Sind Sie sicher, dass Sie hier im richtigen Bus sind?«

Im Fundbüro

Ein Autobus hält auf dem Fischplatz an. Frau Gruber möchte eben aussteigen, da wird sie von einem Fahrgast zurückgehalten und freundlichst aufmerksam gemacht, dass sie ein Paket liegen lassen hat.
»Ja, ja, ich weiß schon«, meint da Frau Gruber, »das ist das Mittagessen für meinen Mann. Er arbeitet im Fundbüro!«

Irre Atmosphäre

So ist unsere heutige Jugend: Was morgens im Bus als Drängelei bezeichnet wird, das loben sie abends in der Disco als irre Atmosphäre …

Großer Wagen

»Liebling, möchtest du in einem großen, elfenbeinfarbigen Wagen fahren, gesteuert von einem Chauffeur mit Uniform und Mütze?«
»Ach, Egon, du bist so gut«, haucht sie.
»Komm, mein Engel! Wir fahren mit dem Omnibus.«

Um zu sitzen

»Haben Sie nichts zum Sitzen?«, fragt ein Fahrgast im überfüllten Autobus eine Frau.
»Zum Sitzen habe ich schon etwas«, gibt sie zur Antwort, »nur weiß ich nicht, wo ich's hintun soll!«

Nicht ansteckend

Eine junge Mutter fährt mit ihrem Baby im Bus. Das Kleine schreit ununterbrochen. Ein Biedermann sitzt, wütend über das Geschrei, daneben. Er ist über fünfzig und hat chronische Angst vor Krankheiten. »Hoffentlich ist das Kleine nicht krank?«, fragt er besorgt. »Das kann doch ansteckend sein.«
Die junge Frau mustert ihn kurz und antwortet dann: »Ansteckend? Das könnte Ihnen so passen. Der Kleine kriegt nämlich Zähne!«

Im Himmel

Ein Busfahrer und ein Pfarrer kommen gleichzeitig zur Himmelspforte. Petrus begrüßt die beiden und sagt zum Busfahrer: »Komm nur herein.«
An den Pfarrer gewandt sagt er: »Bei dir muss ich zuerst im großen Buch nachsehen!«
»Wie geht denn das? Der Busfahrer darf ungeschaut hinein und bei mir musst du erst nachschauen?«
»Das ist was anderes!«, sagt Petrus. »Wenn der gefahren ist, haben die Leute gebetet, aber wenn du gebetet hast, haben die Leute geschlafen!«

Wo anders hintreten

»Sie Esel, passen Sie doch auf! Wenn Sie mir dauernd auf meinen Fuß steigen, kann ich ja acht Tage nicht mehr gehen! Können Sie nicht wo anders hintreten, Sie Trottel?«
»Ja, schon. Aber dann können Sie vierzehn Tage nicht mehr sitzen!«

Platz anbieten

Der Bus ist überfüllt. Der Vater nimmt seinen zehnjährigen Sohn auf den Schoß, damit der Bub nicht zu stehen braucht.
Als bei der nächsten Haltestelle ein hübsches junges Mädchen einsteigt, springt der höfliche Junge auf und sagt zu der Schönen: »Darf ich Ihnen meinen Platz anbieten?«

Kein Speisewagen

Ein Mann steigt in den Bus, in der einen Hand ein Würstchen, in der anderen eine Portion Pommes frites.
»Hallo«, sagt der Fahrer, »das ist kein Speisewagen!«
»Stimmt«, meint der Fahrgast, »deshalb habe ich mir mein Essen selber mitgebracht.«

Unverkäuflich

Zwei Gewohnheitsdiebe werden aus dem Zuchthaus entlassen. Sie bleiben vor dem Portal noch einmal stehen und schauen sich um.

»Nehmen wir einen Bus?«, fragt der eine. »Unsinn«, widerspricht der andere, »wer kauft uns den schon ab?«

Keine Geständnisse

»Junge Frau«, sagt der Busfahrer, »für den Buben müssen Sie auch einen Fahrschein kaufen!«
»Wieso, der ist noch nicht sechs.«
»Das glaube ich Ihnen nicht, meine Dame.«
»Aber bestimmt. Ich bin ja erst fünf Jahre verheiratet.«
»Liebe Frau«, entgegnet der Fahrer, »ich will Fahrgeld und keine Geständnisse.«

Schön dumm

Die kleine Silvia steht an der Bushaltestelle, direkt neben einem Lehrer, den sie nicht kennt.
»Wie heißt du denn?«, fragt der das Mädchen.
»Silvia Müller, ich fahre in die Schule.«
Der Lehrer scherzt: »Ich heiße Gruber, bin zweiundvierzig Jahre alt und gehe auch noch zur Schule!«
»Da müssen Sie aber ganz schön dumm sein!«, gibt die Kleine zurück.

Unhöflich

Ein Meinungsforscher interviewt Leute auf der Straße zum Thema Höflichkeit: »Stellen Sie sich vor, im überfüllten Bus müssen einige Damen stehen. Würden Sie Ihren Sitzplatz anbieten?«
»Naa!«

»Aber Mann, ist das nicht unhöflich?«
»Naa!«
»Ja, was werden die Leute sagen?«
»Nix.«
Der Meinungsforscher gibt auf: »Sie haben eine Ruhe! Würden Sie mir wenigstens sagen, was Sie für einen Beruf haben?«
»Busfahrer!«

Nicht elastisch

Eine Frau steigt mit einem großen Blumentopf in den Omnibus ein und drängt sich durch die Fahrgäste. Einen Fahrgast bittet sie: »Würden Sie mich mit meinem Gummibaum durchlassen?«
»So? Das ist ein Gummibaum? Bei dem Gedränge würde ich an Ihrer Stelle die Luft herauslassen«, meint er.

Keine Arche Noah

Eine Frau steigt in den Autobus. Sie hat eine Katze, einen Papagei und eine Schildkröte bei sich.
Der Schaffner sieht sie und meint: »Das ist ein Autobus und keine Arche Noah!«

… mit der Straßenbahn

Die Straßenbahn wurde ursprünglich von Pferden gezogen und diente mehr oder weniger für Vergnügungsfahrten. Im Straßenbahnmuseum in Graz-Mariatrost sind Modelle aus allen Zeitabschnitten zu besichtigen und ringen uns Respekt oder ein Lächeln ab. Heute ist die Straßenbahn ein wichtiges Nahverkehrsmittel und wird in Anbetracht von Feinstaub und Autoabgasen immer unentbehrlicher …

Eigene Füße

In der Straßenbahn steigt ein langer Jüngling einem alten Wiener ununterbrochen auf die Hühneraugen.
»Hören S'«, sagt der Wiener endlich, »Sie san doch schon alt gnua, dass auf Ihre eigenen Füß' stehen können.«

Aussteigen lassen

Ein Stadtrat besteigt die Straßenbahn. Da jedoch kein Sitzplatz frei ist, bleibt er in der Mitte des Wagens stehen. Im selben Augenblick erhebt sich einer seiner Beamten von seinem Platz. Doch der Stadtrat winkt gnädig ab: »Bleiben Sie nur sitzen!«
Unser guter Untertan setzt sich wieder, doch schon nach einiger Zeit will er sich wieder erheben, doch der Stadtrat winkt nochmals ab: »Bleiben Sie doch sitzen, mein Lieber!«
Die Straßenbahn fährt einige Haltestellen weiter. Zum

dritten Mal steht der Fahrgast auf, und da der Stadtrat abermals im Begriff ist abzuwinken, bricht es schließlich ganz verzweifelt aus ihm heraus: »Ich bitte, Herr Stadtrat, mich aussteigen zu lassen. Ich muss schon sechs Haltestellen zurückgehen!«

Kindisches Duzen

»Mein Lieber«, sagt der Straßenbahnfahrer, »für eine Kinderkarte bist du schon zu groß. Du musst voll bezahlen.«
»Dann lassen Sie aber auch gefälligst das kindische Duzen.«

Bin kein Hahn

Die Straßenbahn kommt und kommt nicht. Endlich rattert sie heran und hält.
Fragt ein junges Mädchen den Schaffner: »Ich denke, Sie verkehren viertelstündlich.«
Entrüstet sich der Schaffner: »Aber Fräulein, ich bin doch kein Hahn!«

Wie viel schuldig?

Ein breitschultriger Fahrgast weigert sich in der Straßenbahn zu zahlen. Schließlich ruft der Schaffner an der nächsten Haltestelle einen Polizisten. Ein schmächtiger, kleiner Schutzmann erscheint.
»Welcher Herr will nicht zahlen?«
»Dieser hier!«, der Schaffner zeigt auf den Riesen, der drohend dasitzt.

Der Polizist zieht seine Börse und fragt flüsternd: »Wie viel ist Ihnen schuldig?«

Nilpferd fehlt

Ein ziemlich gemütlicher, sehr dicker Mann kommt gemächlich zur wartenden Straßenbahn.
»Ist Ihre Arche schon voll?«, fragt er scherzhaft den Fahrer.
»Nein«, schreit der Fahrer hinaus, »kommen Sie nur herein, das Nilpferd fehlt noch!«

Altes Theater

Eine nicht mehr junge Dame steigt in die Straßenbahn, um nach dem »Alten Theater« zu fahren. Sie bittet den Straßenbahnfahrer, er möchte sie vor der Haltestelle rufen. Als sich nun der Wagen der Haltestelle nähert, ruft er: »Sie, altes Theater, aussteigen!«

Sittenverfall

Früher blieben Männer auch mal in der Straßenbahn sitzen, wenn Damen stehen mussten, aber heute flirten sie dabei auch noch seelenruhig mit ihnen.

Kuhwagen

An der Prinz-Albrechtstraße fragt eine Frau vom Lande einen Herrn, wie sie am besten nach Charlottenburg käme.

»Nehmen Sie doch den Q-Wagen, liebe Frau«, meint der Herr.
Tief beleidigt antwortet die: »Fahren Sie doch mit'n Kuhwagen, Sie Ochse!«

Merkt kein Mensch

Auf der hinteren Plattform der Straßenbahn steht ein Herr, da steigt ein Betrunkener ein und tritt dem Herrn auf sein bestes Hühnerauge.
Der Herr ruft ganz empört: »Schaffner! Werden denn hier Betrunkene befördert?«
Da sagt der Schaffner zu dem Herrn: »Wissen Sie, wenn Sie nicht laut brüllen und sich schön ruhig verhalten, merkt kein Mensch, dass Sie besoffen sind.«

Luise, Papa

Professor Knackfisch fährt Straßenbahn. Höflich steht ein kleines Mädchen auf und überlässt ihm seinen Platz.
»Brav, Kleine, wie heißt du denn?«
»Luise Knackfisch, Papa.«

Kein Sitzplatz

Graf Bobby lässt in der Straßenbahn die Zeitung sinken und fragt eine alte Dame, die vor ihm steht: »Möchten Sie einen Sitzplatz, gnädige Frau?«
»Sicher«, nickt sie erfreut.
»Dann sollten Sie um diese Zeit mit der Linie 20 fahren, die ist ganz leer.«

Alte Wolga

Besatzungszeit nach dem Krieg. »Bittschön, fahrt der Wagen zur Floridsdorfer Brücke?«, fragt ein Wiener den Straßenbahnschaffner.
»Gibt's nicht. Die heißt jetzt Malinowski-Brücke.«
»Vielleicht fährt der Wagen zur Reichsbrücke?«, rätselt der Mann weiter.
»Abgeschafft. Heißt jetzt Brücke der Roten Armee.«
»Also, ich bitt' Sie, sagen S' mir doch: Wie komm' ich rasch zur Alten Wolga?«

Lügner oder Riese

Frau Huber besteigt mit ihrem sechsjährigen Sohn die Straßenbahn. Als sie nur einen Fahrschein verlangt, fragt der Fahrer misstrauisch: »Na, wie alt ist denn der Kleine?«
Meldet sich der Sprössling: »Ich bin vier Jahre.«
Da wendet sich der Fahrer an die Mutter: »Na, mit dem werden Sie noch Ihre Last haben. Entweder wird er ein Lügner oder ein Riese!«

Monatskarte

Der Westernheld Django steigt in die Straßenbahn. Zwei dicke Colts baumeln an seinen Hüften. »Django zahlt heute nicht!«, sagt er barsch zum Schaffner.
Der Schaffner sieht ihn entsetzt an, sieht seine Colts, geht weiter.
Am nächsten Tag das Gleiche: »Django zahlt heute nicht.«
Der Schaffner sieht entsetzt auf seine Colts und schweigt.

Geht weiter. Das wiederholt sich die ganze Woche. Dann aber hat der Schaffner einen Kontrolleur als Verstärkung geholt.
Wieder sagt der Westernheld: »Django zahlt heute nicht!«
Da fragt der Kontrolleur: »Und warum zahlt Django heute nicht?«
Da zieht Django seine Ausweistasche heraus und sagt: »Django hat eine Monatskarte!«

Ein Kavalier

In einer überfüllten Straßenbahn bietet ein junger Mann einer Dame seinen Platz an. Die Dame bedankt sich überschwänglich. »Nichts zu danken«, sagt der junge Mann mit der Miene eines Weltmannes, »es ist schließlich Kavalierspflicht, einer Dame seinen Platz anzubieten. Die meisten Männer stehen zwar nur vor schönen Frauen auf, doch ich mache da keinen Unterschied.«

Genug Kavaliere

Eine Frau, die in der Straßenbahn keinen Sitzplatz mehr findet: »Es gibt halt keine Kavaliere mehr!«
Entgegnet ein Mann: »Kavaliere sind genug da, aber kein freier Platz!«

Mutter von Tochter trennen

An der Straßenbahnhaltestelle stehen eine ältere und eine junge Dame und warten auf die nächste Garnitur. Endlich kommt sie.

»Alles besetzt!«, ruft der Schaffner, nachdem gerade die jüngere der Damen eingestiegen ist.
»Aber, Herr Schaffner, Sie können doch nicht eine Mutter von ihrer Tochter trennen«, ruft die ältere Dame entrüstet.
»Da haben Sie vollkommen recht!«, meint der Schaffner und schüttelt traurig den Kopf. »Einmal im Leben habe ich das probiert, und bereue es heute noch!«

Keine Pinguine

Die Straßenbahn ist voll besetzt. Karli ist so nett und aufgeweckt, dass zwei Barmherzige Schwestern auseinanderrücken, um für den Kleinen Platz zu machen.
Mutti beobachtet aus einiger Entfernung, wie ihr Sprössling zwischen den geistlichen Schwestern sitzend mit den Fahrgästen plaudert. Nur mit den Schwestern spricht er kein Wort. Überall schmunzelnde Gesichter. Auch die Schwestern stimmen in das Gelächter ein.
Schließlich steigen die beiden Schwestern aus, und Karlis Mutter fragt besorgt: »Hoffentlich hat Sie der Junge nicht belästigt?«
»Aber keine Spur«, antwortet eine der Nonnen, »nur ersparen Sie ihm bitte eine Enttäuschung und verraten Sie ihm nie, dass wir keine Pinguine sind.«

Recht hat er

Fragt der Fahrgast: »Fährt die Straßenbahn über das Rathaus?«
»Nein«, entgegnet der Schaffner, »das wäre uns zu hoch!«

Erst runterschlucken

Karli sitzt bei seinem Besuch in der Steiermark mit seiner Mutter in der Straßenbahn. Ihm gegenüber sitzt ein Steirer mit einem riesigen Kropf, den Karli immer wieder anschauen muss.
Zornig sagt der Steirer: »Wenn du mi no lang anschaust, dann fress i di!«
Drauf meint Karli treuherzig: »Schluck doch mal den andern runter!«

Drei Plätze

Ein bekannter Schriftsteller war überaus dick und trug das mit Humor.
»Stellen Sie sich vor«, erzählte er, »in welchem Maße ich Damen gegenüber galant zu sein vermag! Neulich in der Straßenbahn stand ich auf und hatte die Freude, meinen Platz gleich drei Damen anbieten zu können.«

Gespart

»Heut habe ich schon einen Euro gespart«, berichtet Sepp seinem Freund Karl.
»Wieso das?«
»Ich habe die Straßenbahn versäumt und bin ihr bis zum Hauptbahnhof nachgerannt.«
»Dummer Kerl«, gibt Karl zurück, »wärst du einem Taxi nachgelaufen, hättest du fünf Euro gespart!«

… mit dem Schiff

Die Seefahrt war in der Menschheitsgeschichte ein früher und gefährlicher Traum. Übrigens, die Riesentankschiffe brauchen vierzehn bis sechzehn Kilometer, bis sie anhalten können! Heute, im Zeitalter der modernen Kreuzfahrtschiffe, sind die Gefahren geringer, aber es bleibt mental etwas vom Prickeln vergangener Zeiten. Kreuzfahrtschiffe legen in allen möglichen und unmöglichen Häfen an, ein kurzer Landaufenthalt und man kehrt mit dem Bewusstsein zurück, in vielen Städten und Ländern gewesen zu sein …

Erst hier

Kommt ein Passagier an Deck, sieht das offene Meer und staunt: »Was, hier sind wir erst?«

Mann über Bord

Auf dem Schiff herrscht große Aufregung. Ein Matrose hatte geschrien: »Mann über Bord!«
Die Rettungsboote werden hinuntergelassen, die Mannschaft macht sich bereit, Rettungsringe auszuwerfen. Da tritt der Matrose auf den Kapitän zu.
»Verzeihung, Sir«, sagt er. »Ich habe mich geirrt, als ich geschrien habe ›Mann über Bord‹.«
»Gott sei Dank«, sagt der Kapitän erleichtert.
»Sagen Sie das nicht«, meint der Matrose, »es war eine Frau.«

Legen erst an

Ein Mann stürmt mit zwei Koffern auf den Landungssteg, schleudert sein Gepäck auf das zwei Meter vom Ufer entfernte Schiff und springt dann hinüber. Stolz schnauft er: »Sehen Sie, ich habe es noch geschafft.«
»Schön, mein Herr«, meint der Kapitän, »aber wir legen gerade erst an.«

Nicht vorgestellt

Nach einem Schiffbruch retten sich auf eine einsame Insel: zwei Spanier, eine Spanierin, zwei Franzosen, eine Französin, zwei Engländer und eine Engländerin. Wie gestalten sie ihr Leben?
Der eine Spanier ersticht aus Eifersucht den anderen.
Die Franzosen einigen sich und teilen sich die Frau.
Die Engländer sitzen sich heute noch gegenüber und warten, bis sie einander vorgestellt werden.

Blinder Passagier

»Denk dir, Bobby, an Bord eines Ozeanriesen hat sich ein blinder Passagier eingeschlichen und hat kostenlos eine Weltreise mitgemacht!«
»Großartig – nur schade, dass der Mann blind ist!«

Freut sich immer

Ein Schiff passiert eine winzige Insel. Ein Mann in zerfetzter Kleidung springt wie wild und winkt.

Erklärt ein Seemann einem Mitreisenden: »Der freut sich immer so, wenn wir vorbeikommen.«

Semmelholen

Die ältere Dame ist fasziniert von der Radaranlage des Ozeanriesen und fragt den Kapitän, wie er sich früher beholfen habe.
»Meistens bin ich stur geradeaus gefahren«, gibt der Klabautermann zurück, »bis ich auf Land stieß. Dann schickte ich einen Leichtmatrosen zum Semmelholen, schaute auf die Tüte und wusste, wo wir waren.«

Seekrank

»Soll ich Ihnen Ihr Frühstück hier an Deck bringen, mein Herr?«, fragt der Steward.
Sagt der Passagier mit schwacher Stimme: »Nein, nein, werfen Sie es nur gleich über Bord; das erspart Zeit und Kummer.«

Fährschiff

Hein lernt ein Mädchen kennen, das nach Amerika auswandern will. Sie kommt mit Hein überein, dass er sie als blinden Passagier in einem Fass verstecken und heimlich verköstigen wird, aber des Nachts müsse sie ihm dienlich sein.
Nach drei Wochen entdeckt sie der Kapitän im Fass.
»Sind wir schon in Amerika?«, fragt sie.
»Wieso Amerika? Wir sind das Fährschiff Dover–Calais!«

See Genezareth

Bei seinem Besuch in Israel kommt Herr Huber an den See Genezareth. Er möchte übergesetzt werden und fragt einen Fischer, ob er ihn in seinem Boot ans andere Ufer bringen würde.
»Sehr gerne. Das kostet hundert Dollar.«
»Wieso denn so teuer? Hundert Dollar für eine solch kleine Überfahrt?«
Der Fährmann antwortet seelenruhig: »Ich sage Ihnen, dieser See ist zwar klein, aber sehr berühmt!«
»Wieso berühmt?«
»Das ist der See, den Jesus Christus zu Fuß überschritten hat!«
Sagt Huber: »Wundert Sie das, bei Ihren Preisen?«

Mit einer Narzisse

Ein Admiral liegt im Spital. Die Schwestern sind aufgescheucht, die Ärzte sind verzweifelt. Die Patienten bekommen von früh bis spät seinen hohen Rang zu hören. Einem aufgeweckten, einfachen Matrosen wird das Getue zu bunt, er besorgt sich einen weißen Mantel samt Maske und betritt das Krankenzimmer: »Herr Admiral, auf den Bauch legen, Fieber messen!«
Er macht sich rückwärts zu schaffen und sagt vor Verlassen des Raumes: »Bleiben Sie so, ich komme gleich wieder!«
Bald darauf betritt eine Schwester das Zimmer, schlägt die Hände über dem Kopf zusammen: »Aber Herr Admiral, was ist denn das?«

»Sie saudumme Urschel, Sie werden doch schon gesehen haben, wie Fieber gemessen wird!«
»Das schon, aber mit einer Narzisse?«

Papagei verzollen

Der Franz kommt mit einem riesigen Papagei aus dem Urlaub zurück. »Der Papagei ist zu verzollen«, sagt der Zollbeamte streng.
»Was, wie?«
»Der Papagei ist zu verzollen!«
»Wo steht das?«
»Hier«, zeigt der Zöllner auf die Zollvorschrift: »Lebende Papageien kosten hundert Euro Zoll, hingegen sind tote Papageien frei.«
Franz schweigt. Unentschlossen betrachtet er den Vogel auf seinen Schultern.
Da aber schreit der Papagei hastig und erschrocken: »Mach keine Dummheiten, Franz, los – zahl!«

Etwas ganz Tolles

Ein Stotterer macht eine Kreuzfahrt. Auf dem Schiff unterhält ein Zauberer die Gäste mit allerlei Kunststücken. Zuerst zaubert er dem Stotterer die Brieftasche weg. Der ist hingerissen. Dann zaubert er ihm die Uhr weg: »K-K-Klasse«, sagt der Stotterer.
»Und jetzt kommt etwas ganz Tolles«, verspricht der Zauberer.
Die Zuschauer stehen atemlos, da fliegt plötzlich mit einem lauten Knall das ganze Schiff in die Luft. Der Stot-

terer und der Zauberer finden sich, an eine Planke geklammert, im Wasser wieder.
Sagt der Stotterer: »M-m-mensch, mach kein'n Quatsch, r-r-rück das Sch-schiff wieder raus!«

Gewonnen

Auf einer Kreuzfahrt wundert sich ein Passagier, der durch reichliche Trinkgelder bekannt ist, dass er sein Frühstück von einem anderen Steward serviert bekommt.
»Nanu«, staunt er, »wo ist denn Ihr Kollege, der mich sonst immer bedient hat?«
»Ab heute übernehme ich das«, erwidert der Steward, »ich habe Sie gestern beim Pokern gewonnen.«

Schluss

Nach dem Schiffsuntergang schwimmen drei Männer um ihr Leben.
Als Erstes säuft der Gewerkschafter ab; er hat den Mund immer offen.
Dann ertrinkt der Geschäftsmann; er schwimmt mit einräumenden Handbewegungen.
Der Maurer sieht das Ufer vor sich. Da läutet es zwölf und er hört auf zu schwimmen.

Zweite Braut

Das Dampfschiff hat den Hamburger Hafen verlassen und fährt elbabwärts. Zwei Matrosen lehnen an der Reling und unterhalten sich.

»Hast du heute Morgen noch die Post gekriegt?«
»Ja, hab ich, aber keine gute.«
»Wieso? Ist jemand von deiner Familie gestorben?«
»Nein, das nicht. Aber meine Braut ist von Hamburg nach Bremerhaven umgezogen.«
»Das ist doch keine schlimme Nachricht! Wir kommen doch oft genug nach Bremerhaven!«
»Das stimmt. Aber da hab ich doch schon eine Braut!«

Der Dampfer

Der kleine Karli kommt an die See und sieht zum ersten Mal einen Dampfer.
Er ruft: »Schau, Mutti, da badet eine Lokomotive!«

Bitte kein Schiff mehr

Die Oberhubers machen eine Schiffsreise. Schon eine Woche sind sie auf hoher See. Frau Oberhuber ist seekrank. Der besorgte Gatte möchte sie etwas ablenken:
»Schau, da kommt ein wunderschönes Segelschiff.«
»Hör auf«, stöhnt sie, »ich kann keine Schiffe mehr sehen. Sag mir Bescheid, wenn ein Bus kommt.«

… mit dem Flugzeug

Der älteste Traum der Menschheit war wohl der, zu fliegen. Es den Vögeln in der Luft gleichzutun. Die ersten Flugversuche waren nicht nur zahlreich, sondern auch aus heutiger Sicht patschert. Das Fliegen in den modernen Jets ist zur Selbstverständlichkeit geworden und gemessen an den Unfällen im Kraftfahrzeugverkehr weitaus sicherer. Neuerdings müssen die Fluglinien sparen und die Fluggäste werden angehalten, vor dem Abflug noch eine Toilette aufzusuchen, damit man Sprit spart. Hinsetzen darf man sich vorläufig noch …

Wenn die Stunde kommt

Zwei Orientalen unterhalten sich über Flugreisen. »Man reist heute im Flugzeug sehr sicher. Warum fürchtest du dich eigentlich, nach Paris zu fliegen? Wenn deine Stunde gekommen ist, findet dich Allah ebenso auf der Erde wie in der Luft.«
»Ja«, sagt der andere, »das stimmt schon. Aber stell' dir vor, ich bin gerade im Flugzeug, wenn Allah den Piloten sucht …«

Ich bin der Pilot

Ein Mann steigt ins Taxi: »Bitte fahren Sie mich rasch zum Flughafen! Ich muss die 1-Uhr-30-Maschine erreichen.«
»Das langt nicht, Linienmaschinen sind immer pünktlich.«
»Heute reicht es. Ich bin der Pilot.«

Security

Ein Geschäftsmann startet in New York mit der El Al nach Tel Aviv, um Weihnachten in Bethlehem zu sein. Er muss sich eingehende Sicherheitsuntersuchungen gefallen lassen. Nach einiger Zeit fragt er: »Bin ich nun okay und kann einsteigen?«
»Selbstverständlich, Sie sind kein Sicherheitsrisiko. Aber an Ihrer Stelle würde ich etwas für die Prostata tun.«

Nach Florida

Auf dem Flug von New York nach Miami wird der Flugkapitän von einem bewaffneten Mann bedroht: »Fliegen Sie sofort nach Miami!«
»Aber wir fliegen ja sowieso hin.«
»Das sagen Sie«, meint der Passagier, »ich bin diese Strecke im letzten Monat dreimal geflogen und jedes Mal auf Kuba gelandet.«

Motor austauschen

Auf einem kleinen Flughafen in einem exotischen Land soll ein Flugzeug starten.
Ängstlich hören die Passagiere den Piloten rufen: »Ich starte nicht mit der verdammten Kiste, bis der Motor ausgetauscht wird!«
Nach zwanzig Minuten startet das Flugzeug.
»Was, so schnell kann man den Motor austauschen?«, fragt ein Fluggast die Stewardess.
»Den Motor nicht – aber den Piloten!«

Damentoilette

Eine reizende alte Dame fragt während eines Fluges die Stewardess nach der Toilette.
»Vorne!«
Sie nahm das zu wörtlich und öffnete die Tür zum Cockpit.
Ratlos kehrt sie zurück und klagt: »In der Damentoilette sitzen vier Männer beim Fernsehen!«

Mosche Winnetou

Transatlantikflug. Dame sitzt neben Herrn. Sie sprechen über alles Mögliche. Sie haben schließlich eine Menge Zeit. Plötzlich stellt die Dame fest: »Eines steht fest: Die potentesten Liebhaber auf der Welt sind die Indianer und die Juden!«
Er richtet sich so gut es geht auf: »Gestatten, dass ich mich vorstelle: Mosche Winnetou!«

Notwassern

Mitten über dem Atlantik setzen die vier Triebwerke der Düsenmaschine aus. Über den Lautsprecher tönt die höfliche Stimme der Stewardess: »Wir werden in wenigen Sekunden notwassern und wir bitten Sie sich anzuschnallen. Nach der Landung benutzen Sie bitte die Notausgänge. Bei dieser Gelegenheit verabschieden wir uns von unseren Nichtschwimmern und hoffen, Sie hatten bis hierher einen angenehmen Flug.«

Piloten vergessen

»Kein Grund zur Beunruhigung«, meint die Stewardess, »wir kehren noch einmal zum Flughafen zurück, weil wir den Piloten vergessen haben.«

Neuer Lippenstift

Fragt eine Stewardess ihre Kollegin: »Sag einmal, wie gefällt dir eigentlich die Farbe meines neuen Lippenstiftes?«
»Sehr gut«, nickt die, »ich habe sie schon auf der Wange unseres Piloten bewundert!«

Es lebe Bayern

Ein Engländer, ein Franzose, ein Preuße und ein Bayer lassen sich im Flugzeug über den Ozean gondeln. Plötzlich erscheint der Pilot, schreckensbleich: »Meine Herren, wir verlieren rapide an Höhe! Wenn nicht einer von Ihnen abspringt, sind wir alle verloren!«
Der Engländer ist Gentleman und Held dazu. »God save the Queen!«, ruft er und springt durch die Luke.
Kurz darauf erscheint der Pilot wieder, noch schreckensbleicher: »Meine Herren, es reicht nicht, es muss noch einer abspringen!«
Der Franzose lässt sich vom Engländer nicht austrumpfen: »Vive la France!«, ruft er und springt ab.
Aber schon erscheint der Pilot wieder, völlig verstört: »Meine Herren, bitte, noch einer!«
Da steht der Bayer auf: »Es lebe unser schönes Bayernland!« – und schmeißt den Preußen runter.

Schallgeschwindigkeit

Zwei alte Damen besteigen zum ersten Mal in ihrem Leben ein Flugzeug. Vor dem Start begeben sie sich zum Kapitän ins Cockpit und schärfen ihm ein: »Fliegen Sie bitte nicht schneller als der Schall, wir möchten uns nämlich während des Fluges gern ein wenig unterhalten.«

Begleitung

Bei einer großen Fluggesellschaft wurde eine große Werbeaktion gestartet: Bei Geschäftsreisen der Männer durften die Ehefrauen zum halben Preis mitfliegen. Einige Zeit später werden die Ehefrauen gefragt, wie ihnen die Reise gefallen hat.

Die Antwortbriefe sprechen Bände, sie lauten alle gleich: »Was für eine Reise?«

Viel gefährlicher

Auf dem Flug von München nach Hamburg. Eine alte Dame hängt mit allen Zeichen der Lebensangst in ihrem Sitz.

Der Herr neben ihr will sie aufmuntern und sagt: »Glauben Sie mir, Fliegen ist wirklich gar nichts mehr. Fliegen ist ein Kinderspiel. Heute ist Autofahren viel gefährlicher. Stellen Sie sich vor, was einem Freund von mir neulich passiert ist: Der fuhr in seinem Wagen eine Landstraße entlang, nicht einmal besonders schnell, ganz gemütlich. Und wissen Sie, was passierte? Plötzlich fiel ihm ein Flugzeug auf den Kopf!«

Luftiges

Zwei Vielgereiste tauschen Erfahrungen aus.
»Toll, wie das heute geht«, sagt der eine, »Frühstück in Madrid, Mittagessen in Los Angeles, Abendessen in San Francisco …«
Unterbricht der andere: »Ja, und der Koffer in Rio!«

Überzeugend

Im Reisebüro versucht die Angestellte eine Dame von der Sicherheit im Flugverkehr zu überzeugen. Die Dame bleibt aber skeptisch, bis die Angestellte schließlich die richtigen Worte findet: »Gnädige Frau, wenn an der Sicherheit Zweifel bestünden, würden wir dann die Flugtickets auf Raten abgeben?«

Wenig Treibstoff

Linz hat seinen Flughafen in dem nahen Ort Hörsching. Groß ist der Flughafen nicht, aber umso größer war die Aufregung, als eines Tages im Kontrollturm die Stimme eines Piloten zu hören war: »Flug Sieben B an Kontrollturm – bitte kommen!«
»Hier Kontrollturm Hörsching – ich höre!«
»Hier Flug Sieben B – habe noch zehn Liter Treibstoff im Tank. Erbitte Anweisung, bitte kommen!«
Dem Mann im Kontrollturm brechen die Schweißperlen aus: »Flug Sieben B – äußerste Ruhe bewahren – nicht die tschechische Grenze überfliegen, sonst haben wir wieder Scherereien mit dem Außenministerium – nur nicht

nervös werden – welche Geländepunkte können Sie erkennen? Bitte kommen.«
Eine kleine Pause. Die Spannung steigt bis zur Siedehitze.
»Hier Flug Sieben B. Ich stehe auf der Piste und warte auf den Tankwagen.«

Gelassener Senior

Das Flugzeug gerät in einen Hurrikan und fängt bedenklich an zu schaukeln. Unter den Passagieren droht Panik auszubrechen. Nur ein älterer Herr hat die Ruhe weg.
»Sagen Sie«, wendet sich die Stewardess schlotternd an ihn, »haben Sie denn wirklich keine Angst?«
»Wieso?«, wundert sich der Senior, »wenn wir jetzt abstürzen, verlieren Sie doch Ihren Job und ich nicht!«

Schon gebucht

Linienflug Frankfurt–New York. Ein Mann mit Pistole dringt in das Cockpit ein: »Fliegen Sie sofort nach Havanna!«
»Tut mir leid«, sagt der Pilot, »eben war einer mit einer Bombe hier, der hat bei uns schon Beirut gebucht!«

Mitkommen

Gemütlich in seinem Sitz zurückgelehnt, bewundert der Passagier einer britischen Linienmaschine zufrieden das Schauspiel von Wolken und Himmel. Plötzlich erscheint ein Fallschirmspringer im Bild, der weich zur Erde schwebt.

»Wollen Sie nicht mitkommen?«, schreit der Mann mit dem Fallschirm.
»Nein, danke«, antwortet der Passagier. »Ich fühle mich wohl, wo ich bin.«
»All right, machen Sie, was Sie wollen«, brüllt der Fallschirmspringer, »ich bin der Pilot.«

Billiger Seehundmantel

Auf seinem Flug nach Japan macht Herr Fink in Alaska Zwischenstation. Als er sieht, wie billig man hier Pelzmäntel bekommen kann, kauft er gleich für 800 Dollar einen Seehundmantel und bittet den Verkäufer, ihn seiner Frau nach Frankfurt zu schicken.
Wegen des Zolls bittet er: »Versehen Sie den Mantel mit einem neuen 120-Dollar-Preisschild.«
Acht Tage später telegrafiert Frau Fink ihrem Mann: »120-Dollar-Mantel um 300 Euro verkauft. Versuche, nochmals acht Mäntel zu kaufen. Küsschen, Herta.«

Keine Angst

Gruber fliegt zum ersten Mal in seinem Leben. Er will Tochter und Schwiegersohn in Kanada besuchen. Gefragt, ob er sich nicht vor dem Fliegen fürchte, antwortete er gelassen: »Warum sollte ich? Ich habe schon etliche Briefe per Luftpost nach Kanada geschickt, und alle sind angekommen.«

… mit der Reisegesellschaft

Je weiter eine Reise geht, desto eher wird sie mit einem Flug kombiniert. Am Ziel angekommen geht es mit dem traditionellen Fortbewegungsmittel von Reisegruppen weiter: dem Bus. Gott sei Dank sind Busse heutzutage auch in fernen Ländern passabel bis komfortabel. Ein eigenes Kapitel sind die örtlichen Reiseführer, deren Deutsch oft zum Schmunzeln anregt. Pensionistenreisen haben es besonders in sich: Da gibt es Leute, für die steht Essen und Trinken sowie Shoppen im Vordergrund. Die Besichtigung von Sehenswürdigkeiten wird fast zur Nebensache, ja bisweilen zur Belästigung.

Kein Vergleich

Schild vor dem Eingang einer Moschee in Kairo: »Es ist ebenso verwerflich, dieses Haus mit Schuhen zu betreten wie einer Jungfrau die Unschuld zu rauben!«
Handschriftlicher Zusatz eines Touristen: »Beides probiert – kein Vergleich!«

Buschtrommeln

Trommeln dröhnen im afrikanischen Busch. Fragt ein Safariteilnehmer besorgt: »Sind das Kannibalen oder gibt es Krieg?«
»No, Mister«, beruhigt der Führer, »das Signal an die Frauen des Stammes: ›Kleider runter, Preise rauf, Touristen kommen‹!«

Laokoongruppe

Am Petersplatz treffen sie zusammen, die Fremdlinge aller Herren Länder. Besonders deutsche Autobusse laden programmgemäß Stunde um Stunde ihre Urlaubsteutonen ab, die pflichtbewusst ihr vorgesehenes Pensum an Sehenswürdigkeiten absolvieren müssen.
Kommt da jemand zu einer Reisegesellschaft und fragt: »Tach! Wo is'n hier die Laokoongruppe?«
Antwortet einer: »Fragen Sie mal da drüben – wir sind hier die Neckermanngruppe!«

Das Finanzamt

Bundesdeutsche Touristen vor der berühmten Seufzerbrücke in Venedig. Ein Italiener versucht mit wilden Bewegungen den Fremden deutlich zu machen, dass hier zu Casanovas Zeiten die berüchtigten Folterkammern waren. Er schwang in den Händen eine gedachte Knute, rollte mit den Augen und drückte sich die Kehle zu, um zum Schluss die Augen zu verdrehen.
Da haben die Deutschen begriffen: »Aha, hier ist das Finanzamt!«

Speisekarte

Ein Reisebus mit deutschen Touristen passiert die Grenze. Ein besonders humorvoller Deutscher zeigt dem Grenzbeamten an Stelle des verlangten Reisepasses die Speisekarte des letzten Gasthofes.
Der Beamte lässt sich nichts anmerken. Er studiert die

Karte und gibt sie nach einem prüfend-vergleichenden Blick wieder zurück: »Ihr Pass ist in Ordnung, die Beschreibung stimmt: Kalbskopf, Ochsenzunge, Schweinebauch, Hammelrücken und Schweinshaxen.«

Eingeriegelletto

Frau Pollak macht eine Reise durch Italien. In einem Gasthof in Florenz schließt sie sich in ein WC ein und kann den Riegel nicht wieder aufmachen. Auf ihr Geschrei stürzen die Domestiken an die Tür, und Frau Pollak zetert von innen: »O Dio, ich bin eingeriegeletto!«

Wir haben Durst

Eine deutsche Urlaubergruppe fällt in eine steirische Buschenschänke ein. Einer liest laut die Weinkarte vor: »Steirischer Welschriesling, extrem trocken.«
Da ruft einer: »Dat is nichts für uns, wir haben Durst!«

Bitte 65 Strohhalme

Ein holländischer Reisebus bleibt bei einer Tankstelle stehen. Der Fahrer bittet um einen Eimer Wasser für seinen Omnibus. Gleich darauf kommt er wieder: »Bitte 65 Strohhalme!«

Schneller als du

Zwei Wanderer stehen plötzlich einem gewaltigen Bären gegenüber. In Windeseile reißt sich der eine die Stiefel

von den Füßen, holt die Turnschuhe aus dem Rucksack und zieht sie an.
»Was soll das?«, fragt sein Begleiter. »Du kannst auch mit Turnschuhen nicht schneller laufen als der Bär.«
»Was interessiert mich der Bär? Hauptsache ich bin schneller als du!«

Wie der Turm von Pisa

Lüstern streicht ein Tourist um den schiefen Turm von Pisa herum. Sein Blick gilt aber einem schicken Mädchen, nicht dem berühmten Bauwerk. Endlich fasst er sich ein Herz und spricht sie an: »Na, wie wär's denn mit uns beiden?«
»Mm«, schüttelt sie den Kopf, »ich nehme mir ein Beispiel an dem Turm: ständig geneigt, aber nie fallen!«

Keine Krokodile

Ein Urlauber kommt nach Afrika. Der Strand ist herrlich.
»Gibt es hier auch keine Krokodile?«, fragt er einen Einheimischen.
Der schüttelt den Kopf.
»Sind Sie ganz sicher?«, bohrt der Tourist weiter.
»Ganz sicher«, erwidert der Farbige. »Dazu haben Krokodile zu viel Angst vor Haifischen.«

Nicht hinsetzen

Schmitz macht mit seiner Frau Urlaub in Nordafrika. Sie machen einen Ausflug an den Rand der Wüste. »Der Sand

hier«, erklärt der Reiseführer, »ist so heiß, dass Eier in der kürzesten Zeit hartgekocht wären.«
Flüstert Frau Schmitz ihrem Mann ins Ohr: »Dann setz dich ja nicht hin, Gustav!«

Shakespeare

»Wenn Shakespeare in unseren Tagen noch leben würde, würde er dann auch noch als besonderer Mensch angeschaut werden?«
»Sicher«, antwortet der Reiseführer, »denn dann wäre er ja schon weit über dreihundert Jahre alt.«

Altertümer

»Kann man die Altertümer des Schlosses besichtigen?«
»Leider nicht. Die Frau Gräfin und ihre Schwester sind verreist.«

Raubritterburg

»Hier fahren wir an einer alten Raubritterburg vorbei«, erklärt der Reiseleiter, »hier wurden im Mittelalter die Menschen gefoltert; heute ist das Finanzamt drin!«

Urlaub …

… im Hotel und Gasthaus

Gleich aus welchem Grund und wie lange man sich in einem Hotel oder Gasthaus aufhält, und gleich ob Gast oder Gastronom und sein Personal, immer wird sichtbar, was der Herrgott für einen großen Tiergarten hat …

Hiasl mit Koffer

Der Hiasl aus dem Mühlviertel wollte mal in einem ganz feudalen Hotel Urlaub machen.
Man legte ihm das Gästebuch vor, und bevor er sich einträgt, liest er sehr aufmerksam: »Adenauer mit Tochter – Soraya mit Mutter – Vico Torriani mit Gattin.«
Hiasl überlegt dann einige Zeit und schreibt schließlich ins Gästebuch: »Hiasl mit Koffer.«

Schwitzen wia a Sau

Ein Fremder kommt sehr erhitzt in ein Landgasthaus: »Ja, mei' Herr«, sagt teilnehmend der Wirt, »Sie müass'n ja g'rennt sei' wia-r-a g'stutzter Hund!«
»Was erlauben Sie sich«, entrüstet sich der fremde Gast, »ich bitte mir einen anderen Ton aus!«
»No entschuldigen S' nur«, begütigt der Wirt, »i' hab halt g'moant, weil S' schwitz'n wia-r-a Sau!«

Zum Löwenbräu

Ein Berliner Tourist fragt einen Münchner: »Mann, wo geht es denn hier zum Löwenbräu?«
Da erwidert der Einheimische: »Da geradeaus, dann rechts und dann hören Sie sie schon brüllen!«
»Wat? Die Löwen?«
»Na, die Preußen.«

Hungrig oder übel

»Biste jetzt satt?«, fragt Anton seinen Kollegen, der gerade nach einer längeren Wanderung das zweite Kotelett verzehrt hat.
»Satt?«, antwortet der, »det Wort kenn' ick nicht. Entweda ick hab' Hunger oder mir is übel«.

Geht alles vorüber

Auf einer Toilette singt jemand: »Es geht alles vorüber, es geht alles vorbei ...«
Empört sich ein anderer draußen: »Setzen Sie sich doch ordentlich darauf, Sie Ferkel!«

Dienst am Stammgast

Ein Herr kommt auf der Durchreise in ein Hotel und fragt, ob er auch etwas Futter für seinen Hund bekommen könnte.
»Bedaure sehr, Hundefutter bekommen bei uns nur die Stammgäste.«

Nieren sind alle

Kommt ein Gast in ein Lokal und sagt: »Herr Ober, ich möchte dinieren.«
»Tut mir leid, mein Herr, die Nieren sind gestrichen.«

Tiroler Wein

Gast: »Ist das nicht ein Tiroler Wein, den Sie mir hier gebracht haben?«
Ober: »Gewiss, aber woran erkennen Sie das?«
Gast: »Weil er in meinem Bauch schon zu jodeln anfängt!«

Nacktes Glück

In Las Vegas stehen in einem Spielsalon zwei Spieler an einem Tisch und warten auf ihre Chance. Plötzlich kommt eine üppige Blondine vorbei und sagt: »Ich hätte mal Lust, um 10.000 Dollar zu würfeln. Macht ihr mit, Boys?«
Die beiden Spieler nicken.
Da sagt das Mädchen: »Ich hoffe, ihr habt nichts dagegen, aber ich habe nur Glück, wenn ich keine Hose anhabe.«
Man hat nichts dagegen, worauf sich die Blonde unten freimacht. Dann nimmt sie die Würfel, würfelt und schreit: »Gewonnen!«
Eilig rafft sie das Geld vom Tisch, nimmt ihre Hose und rauscht davon.
Die beiden Spieler sind ganz erstaunt. »Was hat sie eigentlich gewürfelt?«, fragt der eine.
Sein Freund wird laut: »Woher soll ich das wissen? Ich hab geglaubt, du passt auf die Würfel auf!«

Ohne Keks

Ein Chinese ist zum ersten Mal in einem Wiener Biergarten. Er bestellt ein Bier, ein zweites und ein drittes. Dann, auf den Stoß Bierdeckel zeigend, sagt er: »Bitte sehl, noch ein Biel, abel diesmal ohne den Keks!«

Licht meiner Seele

Liebesgestammel im Hotelzimmer: »Oh Hilda, du bist das Licht meiner Seele, meiner Augen, meiner Träume, meiner Gedanken, das Licht meines Lebens!«
Von nebenan pumpert es und eine Stimme dröhnt: »Jetzt wird's aber Zeit, dass e's Liacht ausmachts!«

Sie selbst

Die junge, hübsche Sekretärin ist mit ihrem Chef verreist. Kaum, dass die beiden das Hotelzimmer betreten haben, läutet das Telefon. Der Portier meldet ein Gespräch aus Köln an. Erkundigt sich die Sekretärin: »Wer ist denn dran?«
Darauf der Portier: »Sie selbst, gnädige Frau!«

Verheiratet

»Sind Sie verheiratet?«, will der Portier von dem Paar wissen.
»Aber natürlich«, flötet die kesse Loni, »ich seit drei Monaten und er seit zwölf Jahren!«

Arbeite nur halbtags

Kellermann sitzt in einem Lokal, in dem die Mädchen oben ohne servieren. Er schaut sich mit Interesse um, da fällt sein Blick auf ein Mädchen, das nur eine Brust entblößt hat.
Kellermann fragt das Mädchen: »Was soll das, bitte?«
»Ach«, sagt das Mädchen, »das hat schon seine Richtigkeit. Ich arbeite nur halbtags!«

Der Dümmste

Alljährlich in den Ferien kommt zum Dorfwirt in einem steirischen Dorf ein Universitätsprofessor, der ein bekannter Mathematiker ist, und findet sein Vergnügen darin, so wie die Bauern gekleidet zu gehen und auch ihren Dialekt zu sprechen. Einmal sitzen im Gasthaus zwei Studenten und streiten über ein mathematisches Problem. Der Professor hört eine Weile zu, dann geht er zu ihnen hin, erklärt in der breitesten Mundart, wie es zu lösen sei, und geht hinaus.
Die beiden Studenten sehen verwundert auf den Wirt und fragen ihn, ob es denn hier mehr solche gescheite Bauern gäbe, worauf der Wirt ganz ruhig erwidert: »Dös wird scho so sein, dös is unser Dümmster.«

Leberknödel

Grazer Wirt zum Gast: »Ihrer Aussprache nach sind Sie ein Obersteirer?«
»Ja, und Ihren Leberknödeln nach sind Sie ein Bäcker!«

Vierzig Jahre bei der Partei

Zur Zeit des Kommunismus wird in Moskau ein Nachtlokal für Westtouristen eröffnet. Nach einem halben Jahr macht es pleite. Der Direktor wird vor die Kommission gepfiffen: »Genosse Direktor, wie erklärst du dir das?«
»Ich kann es mir nicht erklären: Das Lokal war prima, der russische Kaviar war prima, der Krimsekt war prima, die Girls einfach klasse, jede mindestens vierzig Jahre bei der Partei.«

Möchte ein Kleines

Der Gastgarten ist gut besucht. Ein Ehepaar hat sein Bier schon ausgetrunken, er ein großes, sie ein kleines. Der Wirt sieht die leeren Gläser und stellt ohne viel Umschweife von seinem Tablett herab zwei Krügel hin.
»Ich möchte ein Kleines«, sagt sie.
»Da müssen Sie schon mit Ihrem Herrn Gemahl reden, ich bin schon zu alt dazu«, meint der Wirt trocken.

Aufmerksam

Der Hoteldetektiv geht um 23:30 Uhr in den zweiten Stock und klopft energisch an die Zimmertür 256.
Von innen kommt eine verschlafene Stimme: »Was ist denn das? Häh? Wer ist denn da?«
»Haben Sie eine Dame in Ihrem Zimmer, mein Herr?«
»Ich? Nein!«
»Dann schicke ich Ihnen eine.«

Bier macht dumm

Im Hofbräuhaus hat sich ein norddeutscher Volksgenosse zu einem Eingeborenen gesetzt. Er möchte die bayerische Volksseele studieren, er versucht krampfhaft mit dem Mann ins Gespräch zu kommen, aber es gelingt ihm nicht. Schließlich reißt ihm die Geduld: »Nu rede ich schon 'ne halbe Stunde mit Ihnen, Sie sitzen da wie'n Klotz und reden keenen Ton. Da sieht man wieder, das Bier macht dumm und stupid!«
»Ja, ja«, meint der Eingeborene, »wenn Sie's net vertrag'n könna, na hör'n S' lieber auf!«

Bad genommen

Wirt: »Guten Morgen, haben Sie ein Bad genommen?«
Gast: »Wieso? Fehlt denn eins?«

Nicht antun

»Würden Sie mein Haus Ihren Bekannten empfehlen?«, fragt die Pensionsbesitzerin die Abschied nehmenden Gäste.
»Gewiss«, nickt Krause, »aber im Augenblick weiß ich keinen, dem ich das antun möchte.«

Glücklicher Zufall

»Ein ausgesprochen glücklicher Zufall!«, freut sich die Pensionswirtin im hintersten Talgasthof. »Ein wirklicher Zufall, dass wir noch das eine Zimmer frei haben!«

»Da sind sicher die bisherigen Zimmerbesitzer frühzeitig abgereist?«
»Ja, das stimmt, früher. Ein ausgesprochen glücklicher Zufall: Alle drei hat die Lawine erwischt!«

Vierfüßiger Freund

Ein Hundeherrl fragt bei einem ländlichen Hotelier an, ob er seinen Hund mitbringen dürfe. Er erhielt zur Antwort: »Ich führe seit fünfunddreißig Jahren mein Hotel, noch nie hat mir ein Hund einen Löffel gestohlen. Noch nie hat sich ein Hund seine Pfoten im Vorhang abgeputzt oder sich mit brennender Zigarette ins Bett gelegt und noch nie hat ein Hund in der Badewanne Radau gemacht. Ich erwarte Sie mit Vergnügen mit Ihrem vierfüßigen Freund!«

Wäre gut gewesen

»Wie hat es dem Herrn geschmeckt?«, fragt der Wirt den Urlauber.
»Wenn die Suppe so warm gewesen wäre wie der Wein, und der Wein so alt wie die Gans, und die Gans so fett wie die Wirtin, dann wäre es gut gewesen.«

Abwechslungsreich

Der Urlaubsgast fragt die Pensionswirtin: »Ist das Essen auch abwechslungsreich?«
»Aber sicher. Alleine unser Eintopf hat acht verschiedene Namen!«

Drei Eier

Drei Junggesellen machen eine Herren-Partie. In einem Gasthaus bestellen sie Rühreier. Der eine ist besonders hungrig und möchte drei Eier haben. Nach einer Weile kommt das Fräulein mit dem Essen, schaut den Herrn prüfend an und sagt zu dem einen: »Gell, Sie sind der Herr mit den drei Eiern?«

Läuten um Frühstück

Es war in einem Feriendorf zur Zeit der Hochsaison. Alle Betten waren überfüllt. Kein Bett war weit und breit zu haben. Der arme Sommerfrischler war verzweifelt: »Ich muss ein Zimmer haben, Herr Wirt!«

»Unmöglich!«

»Aber ich kann doch nicht auf der Straße …«

Der Wirt dachte nach: »Den Schlüssel zur Kirche hätte ich zur Verwahrung«, sagte er bedächtig, »wenn Sie oben im Turmstübchen übernachten wollen?«

Und ob der Sommerfrischler wollte!

Am nächsten Morgen, Punkt acht Uhr, begannen plötzlich die Kirchenglocken wild zu läuten. Das Dorf lief erschrocken zusammen. »Feuer, Feuer!«

Der Wirt schickte die Magd schnell zur Kirche. »Es brennt! Rette den Fremden!«

Die Magd lief, was sie konnte. Sie kam zurück: »Der Fremde läutet die Glocken!«

»Der Fremde? Ist der verrückt?! Was will er?«

Die Magd entgegnete: »Er schimpft! Er sagt, er läute schon die ganze Zeit nach einem Frühstück!«

Ziffer runtergefallen

»Wie war der Urlaub?«, fragt Peter seinen Freund.
»Grauenvoll. Ich hatte Zimmer 100 und vom Türschild war die Ziffer 1 runtergefallen.«

Touristen

Touristen sind die einzige Ware, die ihren Transport selbst bezahlt.

Heimgezahlt

Im Restaurant ist kein Tisch mehr frei. Ein Gast, auf der Suche nach einem Platz, fragt eine allein sitzende Dame höflich, ob er sich zu ihr setzen dürfe.
Da schreit ihn die Dame entrüstet an: »Ob ich mit Ihnen schlafen will? Sie sind wohl verrückt.«
Alle Leute im Lokal drehen sich um, und der Gast flüchtet mit hochrotem Kopf an die Theke. Bald darauf kommt die Dame zu ihm, bittet flüsternd um Entschuldigung und erklärt, sie sei Verhaltenspsychologin und teste die Reaktion von Menschen.
Da schreit der Mann: »Fünfhundert für eine Nacht? Sie sind wohl verrückt!«

Kleinigkeiten

»Bringen S' mir ein Beefsteak, Ferdinand«, sagt Gruber in seinem Stammbeisel, »aber a recht a großes! Ich bin heute so nervös, dass mi jede Klanigkeit aufregt!«

Meiner Schwester

»In Graz gibt es ein Lokal, da kann man umsonst essen, trinken und Liebe genießen.«
»Und das ist dir passiert?«
»Mir nicht, aber meiner Schwester!«

Ochs will saufen

Ein Gast isst Fisch. Ein anderer einen Rindsbraten. Der mit dem Fisch ruft: »Herr Ober, ein Viertel Wein, der Fisch will schwimmen!«
Das gefällt dem anderen Esser und er schreit: »Herr Ober, eine Halbe Bier, der Ochs will saufen!«

Schnitzelsuche

Der Kellner zum Gast: »Waren der Herr mit dem Essen zufrieden?«
»Es ging an.«
»Und wie fanden Sie denn das Schnitzel?«
»Indem ich die Kartoffel zur Seite schob.«

Bin schon da

In einer kleinen Gartenwirtschaft mit Aussicht aufs Gebirge unterhält sich ein Fremder mit einem Einheimischen.
»Sie machen also nie eine Reise?«, fragt der Fremde.
»Naa«, sagt der Einheimische, »i bin ja scho da!«

Tasse Bouillon

Thomas erzählt von seinem Aufenthalt in Paris: »Und dann bin i auf die Schamps Elisä spaziern gangan, es war so no ziemli früah und a saukalter Wind is gangan. Hab i ma denkt, gehst schnell in a Espresso und bestellst da a Tass Bouillon zum Aufwärman. I sitz drin und wüll grad an Ober ruafn – aber na hab i mi do wieder gschlicha!«
»Wieso dees, Thomas?«
»Mir is um die Burg net eigfolln, was Bouillon auf Französisch hoaßt!«

Verdächtig

Der Urlauber langweilt sich entsetzlich, denn es regnet seit Tagen. Darum fragt er den Wirt des abgelegenen Alpendorfes: »Sagen Sie mal, haben Sie eigentlich Bücher?«
»O mei«, stöhnt der Wirt, »san S' am End vom Finanzamt?«

Antlitz und Gesäß

Ein Urlauber sehnt sich nach einer Dusche. Im fein säuberlichen Bad sieht er zwei Badeschwämme mit den Bezeichnungen ›A‹ und ›G‹. Den Schwamm mit der Bezeichnung ›G‹ benutzt er für das Gesicht.
Am Abend sagt der Mann zum Gastgeber: »Also, das mit den Schwämmen! Tadellos! Wirklich! ›G‹ und ›A‹, wie sinnvoll: Ich wusste gleich, was gemeint war!«
»Tja!«, pflichtet der Wirt bei. »Das war keine Schwierigkeit. ›A‹ gleich Antlitz und ›G‹ gleich Gesäß!«

Your Dunkels

Im Hofbräuhaus in München sitzt ein Münchner vor seiner Maß. Ihm gegenüber sitzt ein Engländer mit einem Krügel dunklen Bieres.
»Your Health!«, prostet er dem Münchner zu.
»Your Dunkels!«, gibt der Münchner zurück.

Verschiedener Geschmack

»Passen S' auf, Herr«, meint der Alpenwirt zu seinem Sommergast, »jetzt kommt a lange Dürre!«
Der Gast schüttelt den Kopf: »Daraus mache ich mir nichts, mir wäre eine kleine Dicke lieber!«

Gämsenpfiff

Im Gasthaus sitzen Urlauber und Einheimische beisammen. Ein Einheimischer erzählt von den Gämsen, wie schlau sie seien und wie sie sich gegenseitig bei Gefahr durch einen Pfiff warnen. Dabei steckt der Erzähler den Finger in den Mund und ahmt täuschend echt den Warnpfiff der Gämsen nach.
»Na, hören Sie«, empört sich der Gast, »mich können Sie nicht verkohlen, das möchte ich erst mal sehen, wie so 'ne Gämse ein Bein in den Mund steckt und pfeift.«

Was ich nehme

Ein Amerikaner gerät in einem Nachtlokal an einen Tisch mit einem netten deutschen Mädchen. Er versteht nicht

Deutsch, sie nicht Englisch. Aber wenigstens möchte er wissen, wie seine Tischnachbarin heißt: »What's your name?«, fragt er deshalb.
»Was ich nehme?«, lautet die erstaunte Gegenfrage, »für was halten Sie mich eigentlich, mein Herr?«

Frau und Freundin

Zwei Partygäste: »Da drüben, die Rothaarige, das ist meine Frau und daneben, das ist meine Freundin.«
Meint der andere: »Komisch, bei mir ist es genau umgekehrt …«

Kaltes Büfett

Huber hat schon zum fünften Male am kalten Büfett nachgeholt.
»Sei doch nicht so verfressen«, raunt ihm seine Frau zu, »was sollen denn die Leute von dir denken!«
»Von mir?«, mampft Huber. »Ich sage doch immer, es sei für dich.«

Madonna

Im Urlaub werden auch Kirchen besichtigt. Die kleine Elfi steht in der Kirche staunend vor einer Frauenstatue, die ein Baby im Arm hält.
»Mama, wer ist das?«
»Das ist die Madonna«, erklärt ihr die Mutter.
»Das gibt es nicht«, protestiert die Kleine, »Madonna kenne ich, und die sieht ganz anders aus!«

Hell oder dunkel

Gast: »Bringen Sie mir noch ein Bier, Herr Ober. Ich erwarte eine Dame.«
»Hell oder dunkel?«
»Na, erlauben Sie, was geht Sie das denn an?«

Sonst noch Fragen?

Hotelhalle. Ein junger, gut aussehender Herr sitzt in einem Klubsessel. Ein paar Sessel entfernt hat eine junge Witwe mit ihrem fünfjährigen Söhnchen Platz genommen.
Das Kind geht zu dem jungen Herrn und fragt: »Wie heißt du?«
»Ich heiße John Smith.«
»Hast du eine Frau?«
»Nein, Kleiner.«
»Bleibst du lange im Hotel?«
»Vierzehn Tage, Kleiner.«
Das Söhnchen dreht sich zu seiner Mutter um und ruft laut: »Mami, was soll ich ihn sonst noch fragen?«

Keinen Zorn mehr

Als Auer ins Zimmer kommt, findet er seine Frau mit dem Zimmernachbarn in einer eindeutigen Situation vor. Wütend stürzt er hinaus zur Nachbarsfrau: »Ihr Mann liegt mit meiner Frau im Bett!«, schreit er.
Sie bittet ihn ins Zimmer und nähert sich ihm: »Sollen wir uns nicht rächen?«

Sie verschwinden ins Bett und nehmen gründlich Rache. Später nach einem Bier fordert sie ihn zur erneuten Rache auf.
Noch eine Weile später fragt sie süß: »Wollen wir uns noch einmal rächen?«
»Nein«, sagt er, »eigentlich habe ich gar keinen Zorn mehr ...«

Zug versäumen

Am Männertisch im Gasthaus erreicht die Urlaubsstimmung ihren Höhepunkt, da nimmt Huber seinen Hut und Mantel.
Die anderen protestieren: »Du willst schon gehen? Kommt gar nicht in Frage!«
Huber sieht auf die Uhr. »Ich gehe nur schnell meinen Zug versäumen. Ich bin in zehn Minuten wieder da.«

Trotzdem hineingehen

Ein Urlauber fragt eine Dame in rüdem Ton: »Wo ist denn da das Klo?«
Da antwortet die Dame mit gespielter Höflichkeit: »Da gehen Sie den Gang entlang. Da steht an einer Tür ›Gentlemen‹. Gehen Sie trotzdem hinein!«

Damenbesuch

Fritsch macht Urlaub im Bayerischen Wald. Gegen Abend klopft seine Wirtin an die Tür und fragt: »Soll ich Ihr Zimmer heizen, oder erwarten Sie Damenbesuch?«

Scharen

Ein Alpenhotel schickt einen Prospekt aus. Darin heißt es: »Unser Hotel ist bekannt als bevorzugter Zufluchtsort für alle, die die Einsamkeit lieben. In Scharen strömen aus allen Teilen der Welt Menschen zu uns, die allein sein wollen ...«

Hohe Berge

Der Alpenwirt fragt den Berliner: »Gibt es in Berlin auch hohe Berge?«
»Nee, aba wenn wa welche hätten, wärn se höher!«

Hinterhof

Der Feriengast ist enttäuscht: »In dem Reiseprospekt hat aber gestanden, dass man von dem Hotelzimmer einen kilometerweiten Ausblick hätte. Und was sieht man: einen Hinterhof!«
»Ja, Sie dürfen ja auch nicht geradeaus schauen. Nach oben müssen Sie schauen, nach oben!«

Ermutigend

»Herr Wirt, wir wollen den Grimming besteigen. Er ist doch nicht gefährlich?«
»Nicht im Geringsten. Doch muss ich die Herrschaften bitten, zuvor Ihre Rechnung zu bezahlen, damit ich nicht wieder hintennach Scherereien habe, bis ich von den Verwandten mein Geld bekomme.«

Alles vergessen

Gerhard fährt in den Urlaub, um zu vergessen. Die Reise wurde ein voller Erfolg. Im Zug vergisst er einen Koffer, am Strand die Sonnenbrille und im Hotel vergisst er völlig, dass er verheiratet ist.

Dann erst die Fremden

In einem Wirtshaus eines oberbayerischen Kurortes sitzt ein Einheimischer und schimpft wie ein Rohrspatz: »Immer de Preiß'n. De sitz'n an de besten Plätz, saufen uns des Bier weg, rauch'n unsre Zigarr'n und jetzt hams' a no unsre letzten Schweinshaxn gfressn. Des oane sag i dir, mei liaba Wirt, zerscht kemma oiwei no mir, die Einheimischen, und dann erst de Fremdn.«
Ein Gast aus dem Norden blickt verstört auf den schimpfenden Bayern und fragt die Kellnerin, wer das sei.
Die Kellnerin flüstert ihm darauf zu: »Das ist der Obmann von unserem Fremdenverkehrsverein.«

Wintersport

Die ersten Wintersportler sind da. Ein Bauer sitzt in der Gaststube. Da fragt ein Skifahrer: »Habt ihr heuer viel Schnee?«
»Freili ham mir heuer vül Schnee, aber unser Nachbar hat doppelt so vül.«
»Ja, wie ist denn das möglich?«
»Ja, er hat a doppelt so vül Grund.«

Weniger wütend

Müde erkundigt sich ein Urlauber beim Tankwart des kleinen Ortes nach dem besten Gasthaus.
»Das ist schwer zu sagen«, kratzt sich der Gefragte am Kopf, »ich weiß nur, dass die Gäste aus der ›Krone‹ für gewöhnlich nicht ganz so wütend abreisen wie die Gäste aus der ›Bauernstube‹.«

Deutschfeindlich

Ein Reporter fährt mit umgehängter Kamera kreuz und quer durch Italien und macht Interviews.
»Sind Sie deutschfeindlich?«, fragt er einen biederen italienischen Wirt.
»Aber ich bitte Sie, jetzt in der Hochsaison?«

Zahnstocher

Fragt ein Urlauber den Wirt: »Kann ich wohl einen Zahnstocher bekommen?«
»Zahnstocher ham mir net. Aber wann S' an Rollmops hab'n woll'n – das Hölzl können S' nachher als Zahnstocher nehmen.«

Keine Unterkunft

Ein Gastwirtssohn, der lange als Gemeindeschreiber tätig war, hat das Hotel seiner Eltern übernommen. Er stellt fest, dass die Meldezettel nicht ordentlich ausgefüllt werden und bringt eine Tafel an: »Wer in Hinkunft bei seiner

Ankunft über seine Abkunft und Herkunft keine Auskunft gibt, bekommt in Zukunft keine Unterkunft!«

Anständiges Restaurant

»Wissen Sie ein anständiges Restaurant? Ich bin hier fremd.«
»Gewiss, mein Herr«, sagt der Taxichauffeur, »man isst nirgends auf der Welt so gut wie bei Kempinski. Ich fahre Sie hin.«
Am Ziel angekommen, freut sich Kempinski so, dass er dem Fahrer ein großes Trinkgeld gibt.
»Danke sehr«, sagt der Fahrer, »vielen Dank, Herr Kempinski.«

Wecken mit Kuss

»Wann wünschen Sie geweckt zu werden, mein Herr?«, erkundigt sich das flotte Stubenmädchen des Strandhotels.
»Um sieben Uhr, mein hübsches Kind, mit einem Küsschen«, erwidert der Gast augenzwinkernd.
»Ich werde es dem Hausknecht ausrichten, mein Herr!«

Empfehlung

»Und wohin reisen Sie heuer, Frau Nachbarin?«
»Nach Velden!«
»Ausgezeichnet, da kann ich Ihnen ein Hotel empfehlen … Jetzt ist mir der Name entfallen. Toni, bring mir doch eines von den Handtüchern, da steht der Name drauf!«

Sittenstreng

Im sittenstrengen Spanien kommt ein Pärchen spätabends ins Hotel. Der Nachtportier verlangt die Heiratsurkunde. Da er kurzsichtig ist und seine Brille nicht gleich findet, gibt ihm der junge Mann seinen Führerschein und darf mit seiner Freundin aufs Zimmer.
Eine halbe Stunde später findet der Portier seine Brille, rennt nach oben und klopft an die Tür des Paares: »Wenn Sie es noch nicht getan haben, dann tun Sie es bitte nicht. Was Sie mir da gegeben haben, ist nicht die Lizenz, die Sie dafür brauchen.«

Geschwindigkeit

Ein verliebtes Pärchen verlangt im Hotel ein Zimmer. Der Portier bedauert, es wäre höchstens im fünften Stock etwas frei.
Die beiden entschließen sich dazu und fahren mit dem Lift hinauf. Wenige Minuten später kommt der Mann die Treppe herunter und sagt zum Portier: »Da haben Sie ein Trinkgeld – das Zimmer brauchen wir nicht mehr.«

Essenszeiten

Der Gast fragt den Ober nach den Essenszeiten.
»Erstes Frühstück von acht bis elf, zweites Frühstück von elf bis dreizehn, Mittagessen von dreizehn bis siebzehn und Abendessen von siebzehn bis neunzehn Uhr.«
»Zu dumm«, seufzt der Reisende, »und ich hätte mir so gerne auch einmal die Stadt angeschaut.«

Spinnt wirklich

Ein Caterpillar-Fahrer macht an der Raststätte Mittagspause. Drei Rocker in Motorradkluft kommen ebenfalls herein. Der Fahrer bekommt seine Suppe. Ein Rocker schüttet sie ihm übers Haar. Der nächste gießt ihm sein Bier über den Kopf. Der dritte schüttet ihm das Gulasch samt Saft über den Schädel. Der Fahrer zeigt keine Reaktion, zahlt und geht.

»Der spinnt ja!«, sagen sie zum Wirt, »was wir dem alles angetan haben und er reagiert nicht einmal!«

Der Wirt hebt den Vorhang zur Seite: »Der spinnt wirklich, jetzt fährt er mit seinem Caterpillar kreuz und quer über drei neue Yahama!«

Wastelmaier

Wastelmaier verbringt seinen Urlaub in einer günstigen Pension in Italien. Als er am ersten Tag zum Frühstück herunterkommt, erhebt sich ein italienischer Gast, verbeugt sich und sagt: »Buon appetito!«

Wastelmaier verbeugt sich ebenfalls und sagt: »Wastelmaier.«

Am nächsten Tag geschieht es wieder: »Buon appetito«, sagt der Italiener.

»Wastelmaier«, ist die Antwort.

Als sich dieselbe Situation auch am dritten Morgen abspielt, erzählt er das Ganze seinem Freund.

»Mensch«, lacht dieser, »›Buon appetito‹ heißt doch ›Guten Appetit‹!«

»Ach so«, schämt sich Wastelmaier ein wenig.

Am nächsten Tag kommt er seinem Gegenüber zuvor, steht als Erster auf, verbeugt sich und sagt: »Buon appetito!«
Strahlend antwortet der Italiener: »Wastelmaier!«

Wein in Pillenform

Die Wirtin bietet ihren Gästen frische Weintrauben aus eigener Lese an.
»Nein, liebe Frau«, meint ein Feriengast, »mich werden Sie nicht dazu bringen, dass ich meinen Wein in Pillenform zu mir nehme!«

Hat reichen Vater

Ein steinreicher Bankier steigt im ersten Hotel am Platz ab.
Der Portier zerfließt: »Sie nehmen wohl das rote Appartement im ersten Stock?«
»Nein, das ist mir zu teuer.«
»Ihr Sohn nimmt seit Jahren immer diese Suite.«
»Sie vergessen, lieber Mann, mein Sohn hat einen reichen Vater!«

Kohlenquadrate

Die fünfjährige Tochter einer schlanken, sportlichen Mutter will offensichtlich ihrer hübschen Mutti nacheifern.
»Magst du noch ein Stück Torte?«, wird beim Essen im Hotel gefragt.
»Nein, danke, das wären zu viele Kohlenquadrate!«

Erwürgter Bauchredner

Ein Schotte speist mit einem Bekannten in einem erstklassigen Hotel. Als der Ober mit der Rechnung kommt, tönt es laut und energisch vom Schotten her: »Ich bezahle alles!«
Schlagzeile am nächsten Tag in der Zeitung: »Schotte erwürgt Bauchredner.«

Wackelkontakt

Die Sonne scheint. Ab und zu wird sie von Wolken verdeckt, sodass es im Hotelzimmer abwechselnd hell oder dunkel wird.
Da meint der kleine Sven ganz wichtig: »Mami, ich glaube, die Sonne hat einen Wackelkontakt!«

Einschmeicheln

Im Gasthof eines ländlichen Urlaubsortes gibt es eine massive Rauferei. Besonders tut sich ein Mann in städtischer Kleidung hervor.
»Wer ist denn das?«, fragt ein Urlauber den Wirt.
»Dös is der neue Lehrer!«, gibt der Wirt ungerührt zurück. »Der will sich unbedingt bei uns einschmeicheln!«

… auf dem Campingplatz

Die Camper sind ein eigenes Volk: Sie genießen die Freiheit in der Natur und sind in der Auswahl ihrer Garderobe lockerer. Die Dauercamper sind unter den Campern eine eigene Rasse und man kann rund um ihr Sommerdomizil die ganze Geschichte der Menschheit nachvollziehen. Sie richten sich immer bequemer ein, sodass sie am Ende genauso gut daheimbleiben könnten …

Recht artig

Es wird Abend am Campingplatz. Vater zu seiner soeben erblühten Tochter: »Du wirst jetzt langsam erwachsen, und ich rate dir, vorläufig recht artig zu sein.«
Tochter: »Ganz sicher werde ich artig sein, Papi. Wenn ich den Worten meines neuen Freundes glauben darf, war ich gestern Abend sogar großartig.«

Gelsenplage

Hubers kommen aus den Ferien. Sie haben zum ersten Mal gecampt. »Es hat doch dieses Jahr so viele Stechmücken gegeben«, sagt Hubers Freund, »haben die euch nicht arg zugesetzt?«
Meint Frau Huber: »Nein, in der ersten Hälfte der Nacht war mein Mann immer so betrunken, dass er die Stiche nicht gespürt hat. Und in der zweiten Hälfte der Nacht waren die Viecher so betrunken, dass sie nicht mehr stechen konnten!«

Ans Ende der Welt

»Liebling, möchtest du mit mir bis ans Ende der Welt gehen?«
»Oh, Liebster, lass uns gehen, aber bis zum Abendessen muss ich wieder am Campingplatz sein.«

Leuchtkäfer

Maiers kämpfen beim Camping verzweifelt gegen die Gelsen. Als es dunkel geworden ist, kommen ein paar Leuchtkäfer angeflogen: »Bloß weg hier!«, ruft der Junior, »jetzt suchen uns die Biester schon mit Laternen!«

Camperspruch

Des Campers Fluch:
Regen und Besuch.

Verweht

»Hallo, junger Mann, Sie müssen ja vollkommen verrückt sein, bei diesem furchtbaren Sturm mit dem Fallschirm abzuspringen!«
»Irrtum, mein Herr! Ich bin mit meinem Zelt vom Campingplatz hergeweht!«

Inserat

Inserat in der Zeitung: »Tausche Doppelzelt, nur einmal gebraucht, gegen Kinderwagen. Angebote unter …«

Lebertran-gedopt

»Bitte, Mutti, heute keinen Lebertran!«
»Warum denn nicht?«
»Wir haben heute Luftmatratzenrennen, und ich möchte nicht haben, dass die anderen sagen, ich wäre gedopt.«

Mann und Freund

Zwei Freundinnen sitzen vor ihrem Wohnwagen. Der Abend ist lau, milde, süß. Es duftet nach Blumen …
»Ach, Resi, musst du glücklich sein!«, seufzt die eine, »du hast einen Mann und einen Freund dazu!«
»Geh hör mir auf! Einer verlässt sich auf den anderen!«

Affenkastrieren

Treffen sich zwei Freunde nach langer Zeit zufällig am Campingplatz.
»Wo warst du die ganze Zeit?«
»Ich war in Afrika als Entwicklungshelfer.«
»Was hast du dort gemacht?«
»Ich habe Affen kastriert.«
»Wie hast du das gemacht?«
»Wir waren zu dritt: ich, der Mann mit dem Gewehr und der Hund. Ich hab die Affen vom Baum heruntergebeutelt und der Hund hat ihnen die Hoden weggebissen.«
»Und was hat der mit dem Gewehr gemacht?«
»Der hat aufgepasst. Wenn ich heruntergefallen wäre, dann hätte er den Hund erschießen müssen.«

Hundewetter

Campingplatz. Es schüttet in Strömen.
Er: »Was, ich soll zum Bäcker und Brot holen? Bei dem Wetter jagt man nicht einmal einen Hund vor die Tür!«
Sie: »Wer sagt denn, dass du den Hund mitnehmen darfst?«

Sexualanrüchig

Nach einem nächtlichen Ausflug erklärt der junge Mann beim Frühstück vor dem Zelt: »Jetzt weiß ich schon, warum der Opa immer sagt, ich solle nicht in die sexualanrüchigen Lokale gehen, weil man da Sachen sieht, die man nicht sehen soll.«
Neugierig fragt der Vater: »Was hast du gesehen?«
»Den Großvater.«

Dreißigster Geburtstag

Beim Frühstück ist die ganze Familie am Campingplatz wieder vereint. Die Mutter entrüstet sich über ihre Tochter: »Mit fünfzehn Jahren schon einen Freund, aber Mamas dreißigsten Geburtstag vergessen!«

Uralter Pullover

Die Jugend hat am Campingplatz ihr eigenes Programm ohne Eltern.
»Was bedeutet denn das ›J‹ auf deinem Pullover, Elvira?«, fragt der neu Aufgerissene.

»Jungfrau.«
»Soll das heißen, dass du noch Jungfrau bist?«
»Nein, das heißt, dass das ein uralter Pullover ist!«

Wer zählt schon

Damenkränzchen neben einem Wohnwagen. Die Gastgeberin ermuntert: »Nimm doch noch ein Stück Topfentorte, Erna. Es ist genug da.«
»Danke, aber ich habe schon zwei gegessen!«, sagt diese.
»Du hast zwar schon fünf gegessen«, sagt die Gastgeberin, »aber wer wird denn schon zählen!«

Mit dreizehn

Die Tochter kommt zum Wohnwagen und fragt die Mutter: »Du Mama, kann man mit dreizehn schon ein Kind kriegen?«
»Oh ja!«
»Oh je!«

Eigene Methode

Auf dem Campingplatz ist ein Mädchen schon früh am Morgen im Duschraum.
»Du bist aber schon früh auf. Meine faulen Buben wollen morgens nicht aus ihren Schlafsäcken!«, klagt eine Mutter.
»Da gibt es ein einfaches Mittel«, meint die Kleine.
»Was denn für eines?«
»Ziehe einfach den Stöpsel aus den Luftmatratzen!«

Es geht

Fast jeder Camper hat sein Fahrrad dabei. »Na, wie geht dein neues Fahrrad?«, fragt Sepp den Kurt.
»Es geht nicht, sondern es fährt!«, tadelt Kurt.
»Na, schön. Wie fährt es denn?«
»Es geht!«

Nicht einmischen

Sagt ein Camper zum anderen: »Was sagst du zu diesem Sonnenuntergang?«
»Nichts! Ich mische mich nicht ein!«

Nicht regenfest

»Camping macht erst richtig Spaß im eigenen Zelt!«, sagt Otto begeistert.
»Mir nicht«, meint Rudi, »dauernd regnet es durch.«
»Tja, dann taugt dein Zelt eben nichts.«
»Und ob das was taugt. Meine Frau hat es schließlich selbst gestrickt.«

Deine Frau

Der Campingnachbar teilt seinem Nachbarn mit: »Dein Wohnwagen hat durchscheinende Vorhänge. Gestern abends hab ich gesehen, wie du deine Frau umarmt hast.«
»So durchsichtig können die Vorhänge nicht sein«, gibt der Angesprochene zurück, »sonst hättest du gesehen, dass es deine Frau war.«

Warten bis zur Halbzeit

Otto sieht sich im Wohnwagen ein Europacupspiel an. Plötzlich ein Knall, seine Frau ist beim Wohnwagenwaschen von der Leiter gestürzt und wimmert: »Ruf in der Halbzeitpause den Krankenwagen!«

Sauwetter

»Das hätten wir zu Hause auch haben können. Seit fünf Tagen regnet es!«
»Irrtum!«, klärt ihn seine Frau auf, die eben mit der daheimgebliebenen Tochter telefoniert hat. »Zu Hause ist seit fünf Tagen Sonnenschein!«

Ausdrücke

»Na, Frau Nachbarin, welche Eindrücke hat denn Ihre Rosemarie vom Jugendzeltlager mitgebracht?«
»Eindrücke weniger«, gibt die Mutter zurück, »aber die Ausdrücke sind entsetzlich.«

Eine Prozession

Eine Frau leidet schrecklich darunter, dass ihr Mann sich immer wieder betrinkt. Als er eines Abends mit einem Mordsrausch zum Wohnwagen kommt, schlägt sie die Hände über dem Kopf zusammen und ruft: »Hab ich ein Kreuz!«
»Und ich eine Fahne!«, sagt der Mann prompt. »Machen wir eine Prozession!«

Zu riskant

Wie nicht selten hat sich Tochter am Campingplatz verliebt und möchte die Pille haben.
Mutter: »Nein, für die Pille bist du noch zu jung. Warte damit, bis du achtzehn bist!«
»Na gut, Mutti, aber was ist, wenn ich bis dahin nicht mehr so viel Glück hab wie in den letzten Wochen?«

Leberwurst

Die Campinggäste haben tatsächlich noch einen Fleischer gefunden. »Fünfzehn Deka Leberwurst – aber keine frische!«
»Warum denn keine frische?«, fragt der Fleischer.
»Mein Vater hat gesagt: ›Hole fünfzehn Deka Leberwurst; wenn du aber keine frische bringst, kannst du sie allein essen‹.«

Neues Hobby

Ein junger Mann, sehr streng erzogen, darf, wie alle Jugendlichen am Campingplatz, mit achtzehn Jahren zum ersten Mal ausgehen. Die Eltern warten die ganze Nacht. Endlich um sechs Uhr morgens erscheint er strahlend: »Ich habe ein tolles Mädchen kennen gelernt, erst waren wir im Kino, dann waren wir tanzen, dann hat sie mich in ihr Zimmer mitgenommen. Zuletzt, ich weiß nicht, wie man dazu sagt, aber das schwöre ich euch: Das wird mein Hobby!«

… am Strand

Am Strand – gleich ob am See oder am Meer – spielt sich vom Sonnenbaden, Schwimmen, Bootfahren oder Angeln bis zum Flirt allerlei ab. Die einen kommen nur zum Schwimmen an den Strand, die anderen braten unter enormem Einsatz von Sonnenöl in der Hitze. Den einen genügt eine Luftmatratze oder ein Liegestuhl, die anderen brauchen einen Leiterwagen voll Utensilien.

Aus Alaska

Am Strand tropft etwas Eis aus Kurtis Tüte direkt auf den dicken Bauch eines schlafenden Urlaubers. Dieser schreckt auf: »Junge, Junge, die Möwe muss direkt aus Alaska gekommen sein!«

Loch im Knie

Der Bub fragt die achtzigjährige Großmutter, ob sie nicht mit an den Strand kommen wolle.
»Ich käme gern mit«, erwidert sie, »aber mein Badeanzug hat ein Loch im Knie.«

Schuhplatteln

Der Autobus hält am Neusiedler See. Sagt eine Insassin zur anderen: »Sehen Sie dort die vielen hüpfenden Leute! Ist das eine Volkstanzgruppe?«
»Nein, das ist wegen der Gelsen!«

Muss Bier holen

Müller geht zum ersten Mal an den Nacktbadestrand. Da begegnet ihm ein Mann mit einem langen Bart, der ihm bis zu den Knien reicht.
»Donnerwetter«, staunt Müller, »Sie haben aber einen langen Bart!«
»Klar«, grinst der Nackte, »einer muss ja Bier holen gehen.«

Hund ist schuld

»Mensch, du bist schon zwölf und kannst immer noch nicht schwimmen?«
»Daran ist nur mein Hund schuld!«
»Wieso denn das?«
»Immer wenn ich ins Wasser steige, springt er mir nach und will mich retten.«

Von Haien weggefressen

»Gibt es hier im Meer Krebse, Seeigel oder Quallen?«, fragt ein Badegast den Strandwärter.
»Nein, nein. Da brauchen Sie keine Angst zu haben, die werden alle von den Haien weggefressen.«

Dicker Mullverband

Am FKK-Strand läuft der Neue mit einem dicken Mullverband an der gewissen Stelle umher. Fragt ein Badegast: »Raubfisch oder Sonnenbrand?«

So große Leber

Zwei Haie treffen sich. »Du, jetzt hab ich vielleicht einen Leckerbissen gefressen. Einen deutschen Urlauber!«
»Was ist denn da Besonderes dran?«
»Ein großer Schädel und eine große Pappen!«
»Aber ich habe einen Wiener verspeist, das war vielleicht ein Essen!«
»Was soll denn an einem Wiener dran sein?«
»Der Kopf war klein, aber eine so große Leber!«

Voller Männer

»Ist das Wasser heute okay?«, fragt eine Freundin die andere.
»Ausgezeichnet heute morgen, Gitti«, antwortet die, »es ist voller Männer.«

Callgirl in Venedig

Sie haben sich erst im Schwimmbade kennen gelernt. Er erhebt sich von der Decke: »Ich zeig dir was.« Er macht vom 6-Meter-Brett einen dreieinhalb Salto vorwärts gehechtet mit Schraube.
Als er zurückkommt fragt sie: »Wo hast du das gelernt?«
»Ich war Olympiateilnehmer.«
»Ich zeig dir auch etwas«, sagt sie und schwimmt zweihundert Meter in rekordverdächtiger Zeit. Als sie zurückkommt, fragt er: »Warst du auch Olympiateilnehmerin?«
»Das nicht, aber ich bin Callgirl in Venedig!«

Wanne ohne Boden

Silvia badet nackt im See. Plötzlich entdeckt sie am Ufer einen Mann, der neben ihren Kleidern sitzt und sie beobachtet. Erbost schwimmt sie an Land, hält sich zum Schutz eine alte Zinkwanne vor den Körper und schimpft empört: »Wissen Sie, was ich denke, mein Herr?«
»Natürlich. Sie denken bestimmt, dass die Wanne einen Boden hat!«

Keine Kleider an

Zwei bejahrte Prälaten machen Urlaub auf Sylt. Während eines Spazierganges am Strand stoßen sie auf einen Bretterzaun, auf dem mit großen Lettern geschrieben steht: FKK-Strand. Betreten verboten.
Fragt der eine: »Weißt du, was das heißt?«
»Nein«, antwortet der andere, »aber wir können ja einmal nachschauen.«
Spricht's und hangelt sich ächzend am Zaun in die Höhe. Plötzlich ruft er: »Du lieber Himmel, hier sind ja lauter nackte Menschen!«
»Männer oder Frauen?«
»Weiß nicht. Sie haben ja keine Kleider an.«

Bikiniverbot

In einem mondänen Strandbad an der Riviera nähert sich ein junger Polizist einer hübschen Badenixe im knappen Bikini mit dem Zuruf: »Signorina, wissen Sie nicht, dass zweiteilige Badeanzüge verboten sind?«

Darauf die junge Schöne mit unschuldsvollem Lächeln: »Dann sagen Sie mir bitte, welchen Teil ich ablegen muss!«

Angezogen sehen

Renate sagt am FKK-Strand zu ihrer Freundin: »Ich glaube, Dieter meint es wirklich ernst. Er hat zu mir gesagt, er würde mich gern einmal angezogen sehen.«

Gepinkelt

»Mir haben sie im Schwimmbad die Saisonkarte abgenommen«.
»Warum denn?«
»Weil ich ins Wasser gepinkelt hab.«
»Gut, das tun andere auch!«
»Das schon, aber nicht vom Fünfmeterbrett!«

Chlorreiches Leben

Übrigens führt so mancher Meisterschwimmer ein chlorreiches Leben.

Saure Milch

Die Mutter liegt oben ohne und sonnt sich. Beklagt sich das Baby bei einem anderen: »Jetzt liegt sie stundenlang in der Sonne, und ich muss dann wieder die saure Milch trinken!«

Viele Lebensretter

Ein junger Mann rettet im Seebad eine attraktive Blondine vor dem Ertrinken. »Ich danke Ihnen«, flüstert sie, »es hat Ihnen doch sicher viel Mühe bereitet, mich aus den Fluten zu ziehen?«
»Und ob, ich musste erst drei andere Burschen niederschlagen, die Sie auch retten wollten!«

Man sieht den Motor

Helga radelt auf der Strandpromenade. Ein Windstoß weht ihren Rock hoch.
Da ruft ein Junge: »Mädel, mach die Haube runter, man sieht den Motor!«

In der Mauser

Zwei Vögel sitzen in einem Baum und betrachten das muntere Treiben an einem FKK-Strand.
»Merkwürdig«, meint schließlich der eine zum anderen. »Alle zur gleichen Zeit in der Mauser!«

Kein Gentleman

Am Strand hat es sich eine junge, hellblonde Dame bequem gemacht und sich, nur mit ihrem Bademantel bekleidet, in die Sonne gelegt. Ein junger Mann kommt vorüber. Ein Windstoß schlägt ihren Bademantel beiseite und enthüllt Verschiedenes. Der Herr mustert den Vorgang und grinst.

Empört schreit sie: »Mein Herr, Sie sind kein Gentleman!«
Worauf er antwortet: »Und Sie sind keine Blondine!«

Mehr gefangen

Eine Anglerin klagt der Nachbarin: »Heute habe ich alles falsch gemacht: Zu laut gesprochen, zu früh eingeholt, und mehr gefangen als er …«

Wind und Meer

Schreibt Maier vom Urlaub an seine Frau: »Liebe Mitzi, der Wind heult, das Meer tobt, und ich muss immer an dich denken …«

Der andere

Am Strand fragt ein älterer Herr seine Nachbarin: »Ist das vielleicht Ihr Kleiner, der gerade meinen Strohhut als Sandkübel missbraucht?«
»Nein, meiner ist der, der gerade ausprobiert, ob Ihr Kofferradio auch unter Wasser spielt.«

Kein Fotoapparat

Ein Maler sitzt an der Nordseedüne und malt den Sonnenuntergang. Ein Ehepaar sieht ihm dabei zu. Nach einer Weile flüstert die Frau ihrem Mann zu: »Siehst du, so muss man sich plagen, wenn man keinen eigenen Fotoapparat hat!«

Nichts anzuziehen

»Was schreien Sie denn dauernd um Hilfe?«
»Man hat mir meine Kleider gestohlen!«, jammert die badende Dame.
»Da kann ich Ihnen auch nicht helfen«, meint der Polizist.
»Bitte gehen Sie doch nicht fort, ich habe nichts anzuziehen.«
»Hören S' auf, das höre ich von meiner Frau auch immer!«

Vergesslich

Lautsprecherdurchsage im Strandbad: »Die Dame im hellblau gestreiften Bikini wird gebeten, ihre Kabine aufzusuchen. Sie hat vergessen, ihn anzuziehen …!«

Kein FKK-Gelände

»Ja, ja, ich weiß, dass hier kein FKK-Gelände ist«, sagt die hübsche Badenixe zum Bademeister, »aber ich will meinen neuen Bikini nicht nass machen.«

Baden verboten

»Baden ist hier verboten«, sagt der Polizist nach längerer Beobachtung zu der jungen Frau am Baggersee.
»Das hätten Sie mir aber auch sagen können, bevor ich mich ausgezogen habe«, meint sie.
Darauf der Polizist: »Ausziehen ist ja nicht verboten.«

Wie lange?

Sie liegen beide am Strand und schmoren in der Sonne.
»Du, Karl-Heinz«, fragt sie, »wie lange können wir eigentlich noch Urlaub machen?«
»Genau noch 125 Euro lang!«

Bootszusammenstoß

Auf dem Wörthersee ist ein Faltboot von einem Motorboot gerammt worden. Alle Insassen sind ins Wasser gefallen, konnten aber gerettet werden. Der Faltbootbesitzer stellt dabei fest, dass sein Gegenüber auch ein Berliner ist.
»Sie sind vielleicht 'ne ulkje Fijur«, sagt er, »müssen se denn jrade hier 'rumsausen. Jibt's denn nicht jenuch Platz oder brauchen Se für Ihre Nuckelpinne den janzen See?«
»Ihr Jemüt möcht' ich hab'n«, kontert der andere, »sehn Se sich doch mal um. Da hinten schwimmt Ihr Kahn, Ihr Kalabreser jondelt da drüb'n, Ihr Schoßkötr paddelt da vorne, Ihre Paddelkelle is kaum noch zu sehn, und Ihre Kissen sind halb abgesoffen und schwimmen herum. Da kann ich nur frajen: Wer von uns braucht eijentlich den janzen Teich?«

Schnell ausziehen

Kleiner, idyllischer See, doch ein Schild verbietet das Baden. Trotzdem kann ein Urlauber nicht widerstehen und schwimmt mit Freuden.
Da kommt ein Mädchen gelaufen: »Glei kummt der Förs-

ter. Ziagn S' schnell Ihre Badhosen aus, dann glaubt er Sie san a Einheimischer und Sö brauchn ka Straf zohln.«

Immer die Konserven

Ein Hai stürzt sich auf einen Taucher, beißt sich aber am Helm die Zähne aus.
»Pfui Teufel«, schimpft er, »immer diese blöden Konserven!«

Abtrünnig

Der FKK-Club badet, spaziert, turnt und nimmt Sonnenbäder auf seinem Gelände, wie üblich.
Huber kommt zum Direktor und berichtet empört: »Herr Maier muss aus unserm Club ausgeschlossen werden!«
»Warum das?«
»Stellen Sie sich vor, Herr Direktor, hat der doch tatsächlich ein Loch in den Zaun gebohrt und goutiert den ganzen Tag die vorübergehenden angezogenen Mädchen!«

Nuscheln

Im Nudisten-Camp beschimpft ein Urlauber den ebenfalls nackten Ober: »Mann, so reden Sie doch deutlich!«
»Kann ich nicht«, nuschelt der, »hab' den Mund voll Wechselgeld.«

… hoch droben auf dem Berg

Uns Österreichern ist von Geburt an bewusst, dass wir in einem Gebirgsland leben. Da gibt es neben Wetterstürzen auch einige Gefahren. Wenn uns beim Abstieg noch Familien mit Kindern entgegenkommen, die in Shorts und kurzärmeligen Hemden den Gipfel noch schnell ohne Reservekleidung und ohne Rucksack mit Getränken erreichen wollen, darf man sich nicht wundern, dass es zu Bergunfällen kommt …

Almrausch

»Nun, war es schön in den Bergen?«
»Ja, ich hab täglich einen Almrausch gehabt!«

Letztes Wort

Touristen besuchen eine Stelle, die besonders durch ihr einmaliges Echo bemerkenswert ist. Plötzlich sieht einer ein Kreuz, das auf einen Felsen gemalt ist.
»Was ist denn das?«, fragt er den Führer.
»Da ist im letzten Jahr eine Dame übergeschnappt.«
»Wieso übergeschnappt?«
»Sie wollt unbedingt das letzte Wort haben!«

Auf der Sennhütte

Auf die Sennhütte kam ein schneidiger Herr. Er trug weiße Kurzhosen mit blauem Saum, hatte ein Einglas und schämte sich seiner norddeutschen Aussprache gar nicht. Als die Sennerin die verlangte Milch bringt, tätschelt er ihren vollen Arm und nennt sie eine ›mollige Kleene‹. Dann weiß er unerhört Neues über seinen Bergaufstieg zu berichten, und er fragt dabei, um seine kühne Leistung ins volle Licht zu setzen: »Na, wie alt schätzen Sie mia denn nu?«

»I moan«, meint die Sennerin, »Sö wern so zwoarvierzig Jahr sein!«

Der schneidig-kühne Bergbezwinger ist überrascht: »Is ja fabelhaft! Stimmt ja janz jenau! Wie hamse denn det nu so erraten?«

»Ja wissen S'«, lacht die Sennerin, »mir ham drunten im Dorf so an halbaten Deppen, und der ist einundzwanzig!«

Zu weit gegangen

Ein junges Mädchen machte eine Bergtour mit einem Führer. Sie unterhielten sich sehr gut, und auf der Spitze des Berges angekommen, ließ sich das Mädchen vom Bergführer küssen.

»Wir sind entschieden zu weit gegangen«, meinte das Mädchen danach.

»Ja«, meinte der Führer, »dös hätt' ma drunt aa tean könna.«

Er kennt Mama

Macht ein Preuße eine Bergtour und kommt auf eine Alm.

»Ein Wahnsinn!«, sagt er überwältigt.

Auf der Bank sitzen ein Bub und sein Großvater.
Preuße: »Schönen guten Tag zusammen.«
Großvater: »Bua, was hat er g'sagt?«
Bua: »Ja, grüaß di.«
Großvater: »Ach so.«
Preuße: »Ach, diese herrliche Luft und dieses Panorama!«
Großvater: »Bua, was hat er g'sagt?«
Bua: »G'fallen tut's eahm.«
Preuße: »Vor fünfzehn Jahren war ich schon mal hier. Hab 'ne Sennerin geliebt. Die war vielleicht 'ne Wucht.«
Großvater: »Bua, was hat er g'sagt?«
Bua: »D' Mama kennt er a.«

Ziegen raus

Nähern sich Wanderer der Alm. Ruft der Almwirt dem Stalljungen zu: »Sepp, jag dö Goaßn aussa, dö Touristn wolln Gams segn!«

Ungefährlicher Weg

»Erlauben Sie mal, können Sie mir einen ungefährlichen Weg zum Gipfel zeigen?«
»Geh nur alleweil an Kuahmist nach, wo sich's Vieh hintraut, da konn dir a nix passieren!«

Unterm Kuheuter

Die Sennerin melkt eine Kuh. Ein Urlauber fragt sie um die Zeit. Sie hebt das Euter an und sagt: »Dreiviertelzwölf!«

Ungläubig fragt der Urlauber: »Sagen Sie man bloß, dass Sie das am Euter ablesen können!«
»Na, na«, sagt die Sennerin, »ich schau auf die Turmuhr im Tal und da muss ich vorher das Euter aufheben!«

Leiche gefunden

Zwei Urlauber wollen eine Bergpartie machen und fragen den Bergführer, ob das sehr gefährlich sei.
»Aber gar nicht«, sagt der Führer, »Sie können ganz beruhigt sein, wir haben noch jede Leiche gefunden.«

Weißer Punkt

Bergführer: »Sehen Sie dort drüben, ganz am Horizont, den kleinen weißen Punkt?
Tourist: »Nein.«
Bergführer: »Das ist der Dachstein.«

Berechtigte Frage

Vier Stunden müht sich das Ehepaar den Berg hinauf.
Meint er: »Liebling, schau wie schön es da unten ist!«
Stöhnt sie: »Trottel, warum hast du mich dann hochgezerrt?«

Das hohe C

Im Sommer habe ich mit meinem Freunde, dem Kapellmeister, eine Gebirgstour gemacht. Wir kommen an einen hohen Berg, ich singe ein hohes C, das Echo gibt Cis zurück. Ich singe nochmals C und wiederum kommt Cis. Wir konnten uns das nicht erklären, doch wie wir näher an den Berg hinkommen, ist vor dem Berg ein Kreuz gestanden.

Gentleman

Ein deutscher Urlauber kommt auf die Alm: »Sennerin, ich bin so jeschafft, ich kann heute nich mehr ins Tal, ich muss bei Ihnen übernachten!«
»Dos tuat net, i hob jo nur a Bett!«
»Das macht nichts, Sie brauchen keine Angst zu haben, ich bin Gentleman!«
Am nächsten Morgen wäscht sich der Gast am Brunnen. Die Sennerin holt einen Eimer Wasser.
»Sie, Sennerin«, sagt er ganz erstaunt, »ist das nicht ein Missverhältnis? Eine Henne und zwei Hähne?«
»Na, na«, meint sie drauf, »dös passt scho so. Einer von dö zwoa Hahna is a Gentleman!«

Die Eselstour

Zu einer Bergtour bestellen zwei Touristen bei ihrem Führer zwei Esel.
Der Führer drahtet zurück: »Bitte pünktlich einzutreffen, wenn Sie kommen, sind auch die Esel da!«

Gute Aussicht

Der Bergführer ist mit einer Gruppe auf dem Weg zum Gipfel. Auf einem Grat erklärt er: »Alle aufpassen, hier ist es gefährlich. Hier ist auch schon viel passiert. Sollte aber trotzdem einer abstürzen, dann vergesst nicht, nach rechts zu schauen, da habt ihr eine wunderbare Aussicht!«

Wir spenden nichts

Zwei Schweizer sind in eine Gletscherspalte gestürzt. Nach einiger Zeit hören sie von oben: »Hier ist die Bergrettung!«
Ruft einer der beiden Schweizer zurück: »Wir spenden nichts!«

Zu teuer

Der Tourist sagt an einer heiklen Stelle zum Bergführer: »Es wäre wahrlich kein Luxus, wenn man hier ein Geländer aufstellen würde.«
»Schon recht«, meint der Bergführer, »haben wir früher auch, aber die Touristen haben es immer mit sich hinuntergerissen!«

Kein Wunder

Max ist beim Klettern ausgerutscht. Zwei Stunden hat er mit einer Hand an einer Wurzel gehangen. Er wurde gerettet.
Die Retter staunten: »Wie haben Sie es nur fertiggebracht, sich zwei Stunden mit einer Hand festzuhalten?«
Max lächelt: »Das ist nur Gewohnheit. Ich fahre täglich mit der Straßenbahn.«

Schlechter Esser

Die Sennerin hat dem Urlauber eine Portion Kaiserschmarrn serviert. Der stochert im Teller herum, ohne zu essen.
»Donnerwetter, warum siehst du mich denn so an?«, sagt er zur Sennerin.
»Wenn i Ihna zuaschau, muaß i immer an mei geschecka-te Kalm denken. Die frisst akrat so schlecht wia Sie!«

Jodeln erfunden

Zwei Japaner waren auf einer Bergtour. Da fällt dem einen das Radio über eine Felswand. Sagt der eine Japaner zum anderen: »Holiladio? Holduladio?«
Damit gelten die Japaner als Erfinder des Jodelns.

Zarte Einladung

»Sagen Sie, Herr Wirt, wie komme ich am besten auf die Bindalm?«
»Sö werd'n net so dumm sei' und so hoch 'naufsteig'n. Trink'n S' liaba a Maß bei mir und i verzähl 's Ihna, wie's oben ausschaut.«

Schutzengel

Bei einer Bergtour rutscht einer aus und kann sich gerade noch an einer Wurzel festhalten. Mit zwei Fingern wird er wieder hochgezogen.
»Wer bist du denn?«, fragt er leicht irritiert.

»Ich bin dein Schutzengel!«
»So, so. Und was hast du für eine Aufgabe?«
»Ich beschütze dich vor aller Gefahr, überall und jederzeit!«
»Ach nein!«, sagt der Hias mit drohendem Unterton zu dem Geschöpf, das sich inzwischen auf seiner Schulter niedergelassen hat und ohrfeigt es mit der linken Hand. »Und wo warst du denn dann, wie ich geheiratet hab!«

Schonend beigebracht

Bei einer Bergtour hat sich Schulze das Bein gebrochen. »Bitte«, sagt er zum Bergführer, »teilen Sie es meiner Frau so schonend als möglich mit, denn sie nimmt immer alles so tragisch.«
»Mach ma scho«, sagt der Bergführer. Er geht ins Hotel, klopft bei Frau Schulze an, tritt ein und sagt: »Griaß Gott! Also, was Ihrn Herrn Gemahl angeht, der is hi!«
Frau Schulze fällt prompt in Ohnmacht. Als sie wieder aufwacht, grinst sie der Bergführer an und sagt: »Nix is wahr! Hing'haut hat's eahm, und an Fuaß hat er si brochn. Is dös koa Freid, ha?«

Genießen

»Was darf es sein, meine Herrschaften?«
»Danke, Frau Wirtin, wir sind wunschlos glücklich.«
»Bedaure, aber wenn Sie hier Platz nehmen, müssen Sie auch etwas genießen!«
»Machen wir doch. Wir genießen die schöne Aussicht.«

Wenigstens die Jause

Das Ehepaar hat den Gipfel erreicht.
Ruft die Frau ihrem Mann zu: »Egon, pass auf! Noch einen Schritt und du stürzt ab! Gib mir wenigstens das Päckchen mit der Jause!«

War ich auch dabei?

Die Eltern blättern im Familienalbum und erinnern sich zurück. Der kleine Maxl fragt stereotyp bei den einzelnen Bildern: »War ich auch dabei?«
Schließlich zeigt ein Foto die Eltern auf einer Bergspitze.
Wieder die Frage: »War ich da auch dabei?«
»Ja«, sagt der Vater leicht ungeduldig, »hinauf habe ich dich getragen, hinunter die Mama!«

… und nichts als Gegend

Wir haben neben unzähligen netten Erholungssuchenden auch Zeitgenossen, die partout nicht zugeben wollen, wie sehr es ihnen bei uns gefällt. Gefragt, wie es ihnen hier in der fast unberührten Natur gefalle, fällt dann die Bemerkung, die diesem Kapitel den Namen gibt. Hauptsache, sie kommen in möglichst großen Scharen immer wieder, denn sie brauchen die Erholung und wir brauchen sie …

Berge weg

Ein Tiroler hat Besuch von einem Berliner Geschäftsfreund. Er zeigt ihm die Stadt Innsbruck. Doch der Berliner bleibt unbeeindruckt.
Da fährt der Tiroler an einem leuchtenden Föhntag mit ihm an den Plansee.
Das Wasser ist tieftürkis, der Himmel strahlender Azur, und vor ihnen liegt in gleißendem Licht das weißblaue Massiv der Alpen.
»No, is dös schee?«, fragt der Tiroler.
»Ick weeß nich«, sagt der Berliner, »nehm Sie die Berje wech und den See – und et is jar nischt Besonderes.«

Berge dazwischen

»Is ja gar nich so übel, die Jejend«, sagt der Sommergast, »aber immer, wenn man wat sehen will, kommt 'n Berch dazwischen!«

Waldkapelle

Eine Dame, welche eine Sommerwohnung sucht, fährt in den ländlichen Urlaubsort und findet dort eine nette, billige Ferienwohnung. Sehr erfreut darüber fährt sie nach Hause. Angekommen, fällt ihr ein, dass sie vergessen hat zu fragen, ob im Hause auch ein Spülklosett ist. Sie schreibt an den Ortsvorsteher einen Brief, will aber die Worte nicht ausschreiben, kürzt sie ab und schreibt W.C. Der Brief kommt an. Der Bürgermeister sinniert, was die beiden Buchstaben bedeuten könnten. Endlich geht ihm ein Licht auf: Die wird Waldkapelle meinen.
Er antwortet: »Gnädige Frau! Ich teile Ihnen höflich mit, dass sich ein W. C. eine viertel Stunde vom Ort entfernt, inmitten eines prächtigen Tannenwaldes befindet und der Besuch ist wegen der herrlichen Lage sehr zu empfehlen. Geöffnet ist W. C. Mittwoch, Freitag und Sonntag. Es sind fünfzig Sitzplätze hintereinander und sehr viele Stehplätze vorhanden. Am Sonntag ist der Besuch besonders zu empfehlen, da die Handlung mit Orgelbegleitung vor sich geht.«

Beruhigend

Sommergast: »Sagen Sie, ist das Wetter hier beständig?«
Einheimischer: »O ja, wenn's schlecht is!«

Komische Leute

Snob: »Na, Bauer, ist es nicht ein bisschen langweilig hier auf dem Lande?«

»Aber na, da kommen so viele komische Stadtleute zu uns, dass man aus dem Lachen gar nicht herauskommt.«

Nicht gewusst

Eine Urlauberin und ihre Tochter kommen an einem Kartoffelfeld vorbei. Die Tochter fragt den Bauern: »Was sind das für Pflanzen?«
»Kartoffeln«, lacht dieser.
»Aber warum blühen die einen bläulich, die anderen weiß?«
Verschmitzt lächelnd antwortet er: »Die blauen werden später Pellkartoffeln, und die weißen die Bratkartoffeln.«
Vorwurfsvoll sagt die Mutter zu ihrer Tochter: »Und das wusstest du nicht, Mathilde?«

Wie heißt der Berg?

Fragt ein Tourist einen Einheimischen: »Können Sie mir sagen, wie der Berg da drüben heißt?«
»Welchener?«
»Ach, Welchener, vielen Dank!«

Bis hierher

Einem Sommergast gefallen die Trachten in den österreichischen Regionen so gut, dass er sich nicht daran satt sehen kann. Da fällt ihm ein Mädchen auf, an deren Rocksaum ein schmaler, blauer Streifen zu sehen ist.
Er fragt einen Einheimischen: »Sagen Sie, was bedeutet der blaue Streifen über den Knien um den Rock herum?«

»Ja«, sagt der Einheimische, »das kann ich Ihnen schon sagen, der Streifen bedeutet: Bis hierher und nicht weiter!«

Ansichtskarte mit Wurst

»Haben Sie eine Ansichtskarte mit einer Wurst darauf?«
»Wieso denn mit einer Wurst drauf?«
»Die will ich meinem Hund schicken.«

Abgrund gähnt

»Kolossal langweilige Gegend! Kein Wunder, dass der Abgrund gähnt!«

Fremdenverkehrswerbung

Im österreichischen Fremdenverkehrsverein ist große Konferenz. Man will neue, wirkungsvolle Plakate für den Fremdenverkehr herausbringen.
Meint der Sekretär: »Wie wäre es mit der Aufschrift: ›Geh baden nach Baden, geh gurgeln nach Gurgl, geh schwatzen nach Schwaz …‹«
»Hören S' auf«, schreit der Direktor, »was werden Sie denn schreiben bei ›Brunnsee‹?«

Saudumme Böcke

Ein alter Aufsichtsjäger erzählt: »Geh i neulich mit an Gstädterschen auf die Bockpirsch und da fragt er amal so nebenbei: ›Sagen Sie mir, Herr Forstmeister, wie alt muss ein Rehbock werden, dass er als Hirsch angesprochen wird?‹ – Drauf sag i: ›Ös gibt manchmal so saudumme Böck, die schon von Geburt an Hirschn sand.‹«

Menschenfresser

Klein-Karl: »Papa, ich fahre nicht mit euch ins Gebirge!«
Papa: »Ja, warum denn nicht?«
Karl: »Weil es dort lauter Menschenfresser gibt!«
Papa: »Du bist wohl verrückt?«
Karl: »Ich habe gelesen ›Die Bewohner des Alpendorfes nähren sich hauptsächlich von Fremden!‹«

Reiseroute

»Warum weinst du denn, Fritzchen, wo wir doch jetzt aufs Land fahren?«
»Weil Papa gestern gesagt hat, dass er sich schon die Reiseroute zurechtgelegt hat.«

Immer Besuch

Besucherin: »Sie wohnen ja recht hübsch hier auf dem Land, aber etwas langweilig wird es doch sein?«
Frau: »Oh nein, wir haben immer Besuch.«

Dorftrottel

Im Urlaubsort gibt es auch einen Dorftrottel. Die Gäste machen immer wieder ihren Spaß mit ihm und werfen Euro- und Centmünzen auf den Boden. Jedes Mal nimmt

er sich die kleinen Stücke und lässt die Ein- und Zwei-Euromünzen liegen.
Mitleidig fragt ihn ein Urlaubsgast: »Warum nimmst du denn immer die kleineren Münzen und nicht die großen?«
Scheu sieht sich der Dorftrottel um, dann flüstert er: »Wenn ich die großen Münzen nehme, machen sie das nicht mehr mit mir!«

Haare trocknen

Ein Ehepaar übernachtet im Gebirge. Mitten in der Nacht weckt die Frau ihren Mann: »Hör mal, wie der Föhn rauscht.«
»Unsinn«, knurrt dieser, »wer soll sich denn mitten in der Nacht hier oben die Haare trocknen?«

Nach der Bibel

Ein Urlauber wundert sich beim Besuch der Dorfkirche über den Staub, der über den Altären, Stühlen und Statuen liegt: »Warum wird Ihre Kirche nicht sauberer gehalten?«, fragt er den herumführenden Mesner.
»Wir halten uns nach der Bibel, denn es steht geschrieben, dass wir im Staube anbeten sollen.«

Zwei Hörndl

Robert macht in seinen Sommerferien einen Spaziergang über Land, da begegnet er einem Bauern, der eine Kuh mit sich führt. Leutselig lässt sich Robert mit dem Bauern

in ein Gespräch ein, in dessen Verlauf er fragt: »Sagen Sie, wie alt ist denn diese Kuh?«
»Zwa Joahr«, erwidert das Bäuerlein.
»Sagen Sie, lieber Freund, woran erkennt man denn bei einer Kuh das Alter?«
»An die Hörndln.«
»Aha! – Zwa Hörndln – zwa Jahr!«

Waldlauf

Bobby und Rudi gehen durch einen Wald und sind Zeuge eines gerade stattfindenden Waldlaufes.
Bobby fragt Rudi: »Sag', warum rennen die Leute so?«
Darauf Rudi: »Das ist ein Wettlauf und der Erste gewinnt einen Preis.«
»No ja«, sagt Bobby, »warum rennen denn dann die anderen?«

Keine Verwendung

Eine Urlauberin kauft in einer ländlichen Gemischtwarenhandlung alles Mögliche ein und verlangt zum Schluss eine Rolle Klopapier.
»Leider«, sagt die Greißlerin, »das hab' ich nicht auf Lager, aber ich komme morgen in die Stadt und kann es besorgen.«
»Ja, bitte, das wäre mir recht«, sagt die Kundin, »ich hole es mir morgen abends ab.«
»Ist recht, gnädige Frau«, sagt die Greißlerin, »aber holn Sie's bestimmt ab, denn ich hätte sonst keine Verwendung dafür!«

Vorschrift ist Vorschrift

»Halt, stehen bleiben! Hier ist der Zoll!«, ruft der Beamte.
»Öffnen Sie den Rucksack!«
»Aber ich habe doch keinen Rucksack!«
»Egal, Vorschrift ist Vorschrift!«

Immer was los

»Fühlen Sie sich nicht ein bisschen einsam in diesem langweiligen Nest hier?«
»Nein, man hat doch seine Abwechslung! Vorhin kamen ein paar Ochsen vorbei, dann ein Schwein, und jetzt sind Sie da! Es ist immer was anderes los.«

Schwarze Schafe

Professor: »Ihr Schäferkollege hat mir gesagt, dass schwarze Schafe viel weniger fressen als weiße. Der hat mich wahrscheinlich angelogen?«
Schäfer: »Oh, gar nicht!«
Professor: »Wie kommt denn das?«
Schäfer: »Ja wissen S', das kommt daher, dass es halt viel weniger schwarze als weiße Schafe gibt!«

Nicht verraten

In einem kleinen Ort fragt ein Urlauber einen Einheimischen um den Weg zum Bahnhof.
»Tut mir leid, den Weg darf ich Ihnen nicht verraten. Wir sind froh, wenn wir hier mal einen Fremden haben.«

Nicht blamieren

Fremder zum Einheimischen: »Parlez-vous Français?«
Einheimischer zum Fremden: »Oui, un peu. Könna Sie Deutsch?«
Fremder: »Ja, ein wenig.«
Einheimischer: »Wissn S' was, dann redn ma Deutsch! I siech net ein, warum grad i mi blamieren soi!«

Turmuhr hat geprügelt

Ein Engländer verbringt seinen Urlaub in Österreich. Nach einigen Tagen kommt er zum Hotelportier und fragt: »Sagen Sie, ist geschlagen und geprügelt nicht dasselbe?«
»Ja, ungefähr schon«, lautet die Antwort.
»Warum lachen denn dann die Leute immer, wenn ich sage, die Turmuhr hat zwölf geprügelt?«

Kein ehrlicher Mann

Ein Fremder geht durchs Dorf und spricht einen Einheimischen an: »Sagen Se mal, Sie guter, ehrlicher Mann, können Sie mir sagen, wie ich zum Bahnhof komme?«
Sagt der andere: »I bin koa guater, ehrlicher Mo, i bin da Burgermoaster!«

Wieder ausgelöst

»Ich sage nichts mehr gegen die Versicherungen! – Vorigen Sommer haben wir den Pelzmantel meiner Frau versetzt und sind mit dem Geld auf Urlaub gefahren, und dann haben wir mit der Regenversicherung den Pelzmantel wieder ausgelöst.«

Im Urlaub

Zwei werdende Väter gehen in der Klinik auf und ab.
Hadert der eine: »Ausgerechnet im Urlaub muss uns das passieren!«
Darauf der andere: »Was soll ich erst sagen? Wir sind gerade auf der Hochzeitsreise!«

Habe geraten

Andreas spielt draußen auf dem Bürgersteig. Ein Passant fragt ihn: »Na, Kleiner, wo ist denn hier der Bahnhof?«
»Woher wissen Sie, dass ich Kleiner heiße?«
»Das habe ich geraten.«
»Hm, dann raten Sie auch, wo der Bahnhof ist?«

Tampon gewünscht

Zwei Jungen treffen sich. Fragt der eine: »Was wünschst du dir zum Geburtstag?«
Sagt der: »Ein Fahrrad, und du?«
Antwortet der erste: »Ich wünsche mir einen Tampon!«
Der andere: »Was ist denn das?«
»Das weiß ich auch nicht so genau, aber es muss was ganz Tolles sein. Ich habe in der Zeitung gelesen: Damit kann man Rad fahren, Ski fahren, Tennis spielen, Tanzen, Bergsteigen …«

Schon geflogen

Klein-Klaus bewundert im Urlaub mit seiner Mutti ein paar über ihnen kreisende Flugzeuge.
»Komisch, Mutti, dass ich gar nicht mehr weiß, wie das Fliegen ist.«
»Aber Klaus, du bist doch noch nie geflogen.«
»Aber Mutti, hast du denn vergessen, dass mich der Storch gebracht hat?«

Belehrung

Helene war zum ersten Mal auf einer Party. Als Erfrischung wurde Eiscreme serviert. Ihre Mutter hatte ihr eingeschärft, wenn nochmals angeboten wird, ›nein danke‹ zu sagen.
Die Gastgeberin fragte, ob sie noch Eis haben wolle.
»Mutter sagte zu mir, ich solle ›nein, danke‹ sagen«, erklärt die Kleine, »aber sie hat sicher nicht gewusst, welch kleine Portionen angeboten werden!«

Alles voll Nebel

»Schau mal aus dem Fenster, Junge, wie das Wetter ist.«
»Das kann ich nicht sehen, Mutti, es ist alles voll Nebel.«

Spielt doch selbst

Im Dorf spielt die Musikkapelle vor einem Haus. Ein Tourist hört eine Weile zu, dann fragt er einen Einheimischen:
»Warum spielen die denn?«

»Unser Bürgermeister hat Geburtstag, da bringen sie ihm halt ein Ständchen!«
»Das ist nett. Aber warum zeigt sich der Bürgermeister nicht mal am Fenster?«
»Ja, wissen Sie, das geht nicht. – Weil der spielt doch selbst in der Kapelle die Posaune!«

Wenig Beine

Zwei Tausendfüßler gehen ins Kino. Brigitte Bardot spielt die Hauptrolle. Die Vorstellung ist zu Ende. »Ein schöner Film«, sagt der eine Tausendfüßler.
»Und Beine hat diese Bardot – einfach klasse«, entgegnet der andere schwärmerisch.
Da nickt der erste und meint: »Aber viel zu wenige.«

Historisch

Walter sitzt noch morgens um zwei Uhr mit seinem Freund in der Kneipe. Plötzlich sagt er: »Jetzt muss ich aber heim, sonst wird meine Frau wieder historisch!«
»Du meinst wohl hysterisch?«, korrigiert ihn sein Freund.
»Nein, ich meine historisch. Denn sie wärmt dann wieder lauter alte Geschichten auf!«

Irre ich mich?

Grüßt einer einen ihm bekannten Mann: »Dieses Mal mit Frau Gemahlin? Oder irre ich mich wieder wie neulich in der Trixi Bar?«

Siehste

»Wie oft macht es Ihr Zuchtbulle eigentlich in der Woche?«, fragt das mächtige Eheweib den Züchter.
»Na, so vier- bis fünfmal.«
Die Besucherin wendet sich mit strafendem Blick an den Gatten: »Siehste! Ich habe dir doch immer gesagt, dass vier- bis fünfmal pro Woche für einen echten Champion nichts Ungewöhnliches ist.«
Darauf der Züchter grinsend: »Allerdings lassen wir den Stier nicht zweimal an dieselbe Kuh.«
Darauf der Gatte: »Siehste!«

Lieber ein Kalb

Zwei Mädchen werden auf ihrer Wanderung von einem Stier verfolgt. Sie rennen um ihr Leben. Plötzlich bleibt die eine stehen: »Lieber ein Kalb als einen Herzinfarkt!«

Früher Melker

»Haben Sie dem da drüben schon die Hand gegeben?«
»Ja, komisch, der hat jeden Finger einzeln genommen.«
»Ach, wissen Sie, der war früher einmal Melker.«

Hello, Mister

Ein Amerikaner geht an einem Bauernhof vorbei und grüßt: »Hello, Mister!«
Darauf der Knecht: »Ich bin nicht der Mister, ich bin der Melker!«

Trachtenanzug

Sitzen ein Steirer und ein Engländer am Tisch.
Plötzlich sagt der Engländer: »Are you smoking?«
Darauf der Steirer: »Nein, Trachtenanzug.«

Teich zugefroren

Stolze läuft Schlittschuh. Auf dem See bricht plötzlich das Eis. Er steht bis zum Hals im Wasser und ruft um Hilfe. Nach längerer Zeit kommt ein älterer Urlauber und fragt gemütlich: »Na, Sie sin wohl hier Schlittschuh jelaufen?«
»Ne«, sagt Stolze erbittert, »ick ha'n Bad jenommen und unterdessen ist der Teich zujefroren.«

Albertina

Ein Fremder tritt in Wien bei der Opernkreuzung auf einen Schutzmann zu und fragt ihn: »Bitte, können Sie mir sagen, wo die Albertina ist?«
»Leider – kennen tu ich die Menschen alle, aber wo sie wohnen, waß i net …«

Luftlinie gibt es keine

Tourist: »Bitte, wie viele Kilometer sind es bis Scherbendorf?«
Einheimischer: »Zwölf Kilometer.«
Tourist: »Eisenbahn oder Luftlinie?«
Einheimischer: »Eisenbahn natürlich. Eine Luftlinie gibt es nach Scherbendorf noch nicht!«

Verschwindet einer

»Merkwürdig, Herr Bürgermeister, dass die Einwohnerzahl Ihres Dorfes seit Jahren gleich bleibt. Erfassen Sie denn die Geburten nicht?«
»Doch, das tun wir schon. Aber jedes Mal, wenn bei uns ein Kind geboren wird, verschwindet ein junger Bursche aus dem Dorf.«

Katzenteller

Auf der Suche nach einem Gelegenheitskauf kommt ein Urlauber in einen Antiquitätenladen. Er hat nichts gefunden, aber beim Verlassen des Geschäftes merkt er, wie eine Katze von einer unbezahlbaren Rarität eines Tellers leckt. In der Hoffnung, dass der Inhaber den Wert des Tellers nicht erkannt haben könnte, fragt er: »Was für eine reizende Katze Sie hier haben. Würden Sie mir die verkaufen?«
»Na schön, wenn Sie mir fünfzehn Euro dafür geben.«
Der Kunde klemmt die Katze unter den Arm und sagt dann: »Den Teller nehme ich auch. Die Katze ist sicherlich daran gewöhnt«.
»Aber nein«, erwidert der Ladeninhaber, »den Teller kann ich Ihnen nicht geben.«
»Na, dann werde ich ihn eben kaufen.«
»Ach nein«, sagt der Mann, »den kann ich Ihnen auch nicht verkaufen.«
»Das ist lächerlich, alter Freund. Warum denn nicht?«
»Weil ich mit diesem alten Teller schon 139 Katzen verkauft habe«, erwidert der schlaue Verkäufer.

Nachtleben

In einer ländlichen Gegend fragt ein Fremder: »Gibt's denn hier gar kein Nachtleben?«
»Dös scho«, erhält er zur Antwort, »aber im Sommer fahrt's immer nach Venedig.«

Zipfelmützen

Im Hutgeschäft probiert ein Urlauber beim Shoppen einen Hut nach dem anderen. Keiner passt.
»Jetzt habe ich nur noch Zipfelmützen.«
»Eigentlich wollte ich schon etwas für den Kopf …«

Kleiner Techniker

Beim Urlaubsshoppen erscheint an der zentralen Informationsstelle eines großen Kaufhauses ein Bub und sagt: »Wenn eine große, blonde, aufgeregte Frau zu Ihnen kommt und klagt, sie habe ihren kleinen Sohn verloren, dann sagen Sie ihr bitte, ich wäre in der Spielwarenabteilung am Elektronikstand.«

War noch nicht da

Ein Amerikaner fährt in Wien mit dem Fiaker. Sie kommen an der Karlskirche vorbei: »Wie lange habt ihr hier gebaut?«
»Zwanzig Jahre.«
»Oh, bei uns in Amerika wir bauen so etwas in zwei Jahren!«

Sie kommen am Parlament vorbei: »Wie lange habt ihr hier gebaut?«
Der Fiaker ist schon etwas vorsichtiger: »Zwei Jahre.«
»Wir bauen so etwas in sechs Monaten!«
Sie kommen zum Stephansdom: »Wie lange habt ihr hier gebaut?«
»Wia i am Vormittag da g'fahrn bin, war der noch net da!«

Das ist Bavaria

»Was ist denn das für ein Standbild?«, fragt ein Berliner einen Münchner.
»Dös is die Bavaria«, erhält er zur Antwort.
»Ach«, wundert sich der Berliner, »ich dachte, die hätte einen Löwen bei sich!«
»Schon, schon«, sagt der Münchner, »aber nur im Winter. Im Sommer hockt der im Löwenbräu und passt auf, dass uns die Berliner net dös ganze Bier wegsaufen.«

Haben Sie Schis

»Nächste Woche fahren wir zum Schifahren nach Österreich«, sagt Frau Brummelmeier zu ihrer Nachbarin.
»Haben Sie denn Schis?«, fragt die zurück.
»Vor wem?«

Silberner Preuße

Herr von Zitzewitz besucht Andechs. Der führende Mesner ist besonders stolz auf die verschiedenen Votivgaben, zeigt ein silbernes Mäuslein und erzählt, man habe diese

Maus seinerzeit gestiftet, als das Land furchtbar unter der Mäuseplage gelitten habe – und gleich nach diesem frommen Akt seien die Mäuse verschwunden gewesen.
»Ooch Mann, det glooben Se doch selba nich!«, entrüstet sich der Besucher aus dem Norden.
»So ganz … so ganz glauben mirs freili net«, gibt der Mesner zu, »sonst hättn mir nämlich schon an silbernen Preißn gstift't.«

Steiler See

Ein bayerischer Bursch unternimmt einen Ausflug nach Österreich, um Wasserski zu fahren. Er schnallt seine Wasserski auf das Autodach und kommt zum Grenzübergang Landl hinter Bayrischzell.
Fragt ihn der Grenzer: »Hoi, wohin rücken Sie denn aus. Mitten im Sommer Ski drauf?«
»Na ja«, sagt der Urlauber, »das sind Wasserski.«
»Wo kann man denn da fahren? Wo reisen Sie hin?«, fragt der Grenzer.
»Ich weiß auch noch nicht recht, ich glaube, ich fahre an den Wörthersee.«
»Na, so was, ich wusste gar nicht, dass der Wörthersee so steil ist!«

Yoga-Fimmel

Eine Fledermaushöhle: Artig aufgereiht hängen die Fledermäuse an der Decke – alle mit dem Kopf nach unten, wie es sich für ordentliche Fledermäuse gehört. Nur zwei Fledermäuse hängen mit dem Kopf nach oben.

Eine neue Fledermaus kommt hinzu, sieht das und fragt: »Was ist denn mit den beiden los?«
»Ach«, entgegnet eine andere, »die spinnen, die haben den Yoga-Fimmel!«

Nur wenn es regnet

Ein Mann wird vom Ehemann überrascht und muss nackt auf den kalten Balkon. Auf einmal – es friert ihn schon sehr – sieht er eine Gruppe Jogger daherlaufen. Er springt vom Balkon und läuft mit ihnen.
Da sieht ihm einer an seinem Körper hinunter: »Laufen Sie immer mit Präservativ?«
»Nein, nur wenn es regnet!«

Moselschlecker

Drei deutsche Weinbauern wollen Weinmarketing machen. Der eine sagt: »Ich produziere an der Mosel, ich nenne meinen Wein ›Moselschlecker‹!«
Der Zweite: »Ich lebe am Rhein, meiner wird ›Rheinschlecker‹ heißen.«
Der Dritte sagt traurig: »Da kann ich nicht mitmachen, ich bin an der Ahr.«

Wahres Alter

Im Roulette-Saal von Velden. Madame hat einen Berg Chips, möchte alles auf Plein setzen.
»Welche Zahl soll ich bloß nehmen?«, murmelt sie.
Der Croupier: »Voilà, setzen Sie Ihr Alter!«

Ohne weiter zu überlegen, schiebt sie ihre Chips auf ›28‹.
Die Kugel rollt und landet auf ›42‹.
Da fällt Madame in Ohnmacht.

Stop for a cake

Im Hyde-Park in London begegnen sich eine Dame und ein Herr, beide begleitet von ihren Hunden. Sie hat einen Terrier-Rüden und er eine Hündin. Die Tiere beschnuppern sich und beginnen ein Liebesspiel. Der Dame ist dieses sehr peinlich, und sie ruft ihren Hund zurück – leider ohne Erfolg. Da holt sie aus ihrer Tasche ein Stückchen Hundekuchen und lockt: »Come back, Fiffi, here a cake, a cake!«
Schmunzelnd fragt sie der Herr: »Would you stop for a cake? I never!«

Ein Wunder

Der Urlauber angelt am Dorfteich. Da kommt ein Polizist. Erschrocken fragt er: »Es ist doch nicht strafbar, wenn ich hier Fische heraushole?«
»Nein, aber ein Wunder!«

Kommt drauf an

Ein Paar geht durch den Wald und fragt einen entgegenkommenden Bauern: »Guter Mann, sagen Sie, wie lange ist es noch bis zum nächsten Dorf?«
»Ja, dös kummt drauf an. Wann S' no ledi san, zwa Stund, wann S' vaheirat san, a halbe!«

Der Mörder

Ein Kunde in der Buchhandlung. »Ich suche einen spannenden Kriminalroman für den Urlaub!«
Die Verkäuferin: »Dann nehmen Sie diesen – erst auf der letzten Seite erfährt man, dass der Gärtner alle umgebracht hat!«

Schönheiten

Der Bürgermeister sagt zum Urlauber: »Ich hoffe, Sie werden an den Schönheiten unserer Region viel Freude haben!«
»Das hoffe ich auch. Würden Sie mich mit den Damen gelegentlich bekannt machen?«

Ausgebucht

»Können Sie mir einen ruhigen, abgelegenen Urlaubsort empfehlen, den noch niemand kennt?«, erkundigt sich der Erholungsuchende im Reisebüro.
»Nein, tut mir leid. Die unbekannten Orte sind alle schon ausgebucht!«

Herrliche Berge

»Sie mal, Hanna«, schwärmt Kurt bei einem gemeinsamen Ausflug, »der Anblick der Berge ist einfach berauschend!«
»Kein Wunder«, seufzt sie auf, »sind ja auch Weinberge …«

Gesundes Klima

Ein Tourist hat sich in einem kleinen Dorf ein Zimmer genommen.
»Ist das eine Gegend mit gesundem Klima?«, fragt er seinen Vermieter.
»Und ob! In den letzten zehn Jahren ist bei uns nur ein Einziger gestorben.«
»Und wer?«
»Der Bestattungsunternehmer. Er ist verhungert!«

Küssen macht lustig

»Guten Morgen, liebes Kind«, begrüßt der Urlauber das junge Mädchen, das mit seinem Gespann unterwegs ist, »du bist so lustig, gewiss hat dich dein Schatz heute schon geküsst?«
»Macht denn das Küssen lustig?«, fragt die unschuldige Kleine.
»Gewiss, liebes Kind, das Küssen macht lustig!«
»Ach, mein guter Herr, dann küssen Sie doch einmal meinen Esel, der ist immer so traurig!«

Nur für die Landschaft

Eine ziemlich aufgedonnerte und geschminkte Touristin fragt einen Einheimischen: »Sie, wo ist denn hier der Verschönerungsverein?«
Der Bauer sieht sie erst erstaunt an, dann sagt er: »Da drüben im Gemeindehaus. Aber des sag i Eahne, der is nur für d' Landschaft!«

Langer Kurzurlaub

»Wieso haben Sie sich denn ein so langweiliges Nest als Urlaubsort ausgesucht?«
»Ach, wissen Sie, ich habe nur eine Woche Urlaub, und so wird sie mir dann recht lang vorkommen.«

Wie heißt der Vater?

Damals musste man sich zur Sommerfrische noch im Gemeindeamt anmelden. Da kam ein Vater mit seinen drei Söhnen zum Bürgermeister. Freundlich fragte er sie nach ihrem Namen.
»Ich heiße Konstantinopel«, sagte der Erste.
»Und ich heiße Philippopel«, ergänzte der Zweite.
»Und ich Adrianopel«, stellte sich der Jüngste vor.
»Zum Donnerwetter, wollt ihr mich pflanzen«, brummte der Bürgermeister auf. »Jetzt möchte ich bloß wissen, wie euer Vater heißt.«
»Unser Vater heißt Karl Opel«, sagte der Älteste harmlos.

Damit du was lernst

Der Papa nimmt den kleinen Seppi zum ersten Mal mit in die große Stadt.
Bei der ersten Baustelle fragt der Bub: »Du, Papa, was ist denn das?«
»Ach Seppi, das weiß ich nicht.«
Am Rathaus das Gleiche: »Papa, was ist das für ein Haus?«
»Ich kenne es zwar, aber ich weiß nicht, wie es heißt.«
»Du Papa, was ist das für eine Kirche?«

»Mir fällt der Name nicht ein.« Und so geht das noch eine Weile weiter.
Am Ende fragt Seppi: »Du Papa, gehe ich dir mit meiner Fragerei schon auf die Nerven?«
»Nein, nein«, sagt der Vater, »frag nur, damit du etwas lernst.«

Heuwagen kam durch

Eine ziemlich dicke Frau, heute sagt man dazu Madame Voluminös, fragt den Parkwächter: »Komme ich durch das Tor in den Stadtpark?«
Er sieht sie lange an, dann meint er: »Sie können es ja versuchen, unser Heuwagen ist auch durchgekommen.«

Gestalten

Ein Tourist ist begeistert vom alten Rathaus der Stadt. »Sagen Sie, was sind das für Gestalten dort oben auf dem Dach?«
»Warten Sie bis zwölf Uhr. Wenn sie sich dann bewegen, sind es die Handwerker.«

Alle wieder weg

Ein amerikanischer Urlauber sieht einen nicht besonders intelligent aussehenden Einheimischen daherkommen und fragt ihn: »Gibt es hier viele Idioten?«
Der Gefragte nickt verstehend: »Ah, ja! Das wohl. An ganzn Haufn! Aber nach der Saison sans alle wieder weg!«

Natürliche Größe

Ein Mann kommt im Urlaub ins Fotogeschäft: »Können Sie Fotos bis zur natürlichen Größe vergrößern?«
»Selbstverständlich!«
»Sehr gut, ich habe da nämlich ein Foto vom Matterhorn!«

Richtiger Schwindel

Frau Pollak kommt in Köln am Bahnhof an, geht sogleich zur Wasserleitung, macht ihr Taschentuch nass und riecht daran. Dann sagt sie: »Das hab ich mir doch gleich gedacht; das mit dem ›Kölnisch Wasser‹ ist a richtiger Schwindel!«

Nicht mein Sohn

Ein Urlauber wendet sich an einen Bauern: »Ihr Sohn wirft Steine gegen vorbeifahrende Autos!«
»Und, trifft er?«, fragt der Bauer.
»Nein, zum Glück nicht!«
»Dann ist es nicht mein Sohn.«

Undank

Ein älterer Urlauber entkommt mit knapper Mühe einem wütenden Stier. Noch außer Atem ballt er außerhalb des Zaunes die Faust: »Undankbares Vieh. Ist das der Dank dafür, dass ich mein ganzes Leben lang Vegetarier gewesen bin?«

Etwas wagen

Ein Amerikaner kommt aufs Postamt und spricht die Schalterdame an: »Froillein, haben Sie eine Wiege, ich möchte bei Ihnen etwas wagen?«

Ist oder isst

Eine Norddeutsche macht sich Tirolern gegenüber lustig, weil sie ›ischt‹ statt ›ist‹ sagen.
»Dös hot an besonderen Grund«, gibt ein Tiroler zurück, »es ischt halt a Unterschied, ob ane a Gans ischt oder isst.«

… auf dem Bauernhof

Was früher der Landaufenthalt war, ist heute der Urlaub auf dem Bauernhof. Die Urlauber kommen dabei mit der modernen Landwirtschaft in Kontakt und müssen übertriebene romantische Vorstellungen abbauen. Jedenfalls schätzen sie den Familienanschluss. Die lila Kuh haben die Stadtkinder zwar noch nicht gefunden, aber man darf heute wieder davon reden, dass die Milch von der Kuh stammt …

Wie Vati schläft

Ein Stadtbub ist zum ersten Mal in einem Schweinestall. »Ist das nicht komisch«, sagt er, »die Schweine reden so, wie Vati schläft.«

Keine Eier

Lehmanns sind zur Sommerfrische auf dem Lande. Heinz ist unartig und wird zur Strafe in den Hühnerstall gesperrt. »Ist schon recht«, ruft er zur Luke heraus, »aber das sage ich euch gleich, Eier lege ich keine!«

Gerät dafür

Der Finanzminister macht Urlaub auf dem Bauernhof. Er geht mit dem Bauern überall hin; auch auf den Dachboden. Da sieht er etwas: »Ah, einen Schnapskessel hast du auch. Zahlst du dafür Steuer?«

»Nein. Ich brenne ja nicht, ich habe ja nur das Gerät.«
»Trotzdem musst du zahlen.«
Drei Wochen nach dem Urlaub sucht der Bauer den Finanzminister im Amt auf: »Du, ich möchte Kinderbeihilfe.«
»Wo hast du auf einmal Kinder her?«
»Kinder hab ich nicht, aber das Gerät dafür!«

Keine Rückwand

Huber ist auf Sommerfrische. Er muss mal auf 's Häuschen. Blitzschnell kommt er zurück: »Sagen Sie, Herr Wirt, da fehlt doch die Rückwand!«
»Aber das macht doch nichts«, sagt dieser, »von hinten kennt Sie ja keiner.«

Verschwinde

Hannes sitzt mit seiner Frau in der Sommerfrische am Frühstückstisch. Sie werden fortwährend von einem Huhn belästigt. Als sich das Federvieh dann noch anschickt, auf seinen Teller zu hüpfen, ruft Hannes wütend: »Verschwinde – oder ich bestell dich!«

Tragen lassen

Fritzerl verbringt seine Ferien beim Onkel auf dem Bauernhof. Eines Tages sieht er, wie der Onkel einen der drei Hähne schlachtet.
»Onkel«, ruft er entrüstet, »warum tust du das?«
»Der hat zu wenig gearbeitet.«

Einige Tage darauf widerfährt dem zweiten Hahn dasselbe Schicksal. Auf Fritzerls Frage kommt dieselbe Antwort.
Ein paar Tage später sieht der Onkel, wie Fritzchen den dritten Hahn schlachtet: »Was tust du denn Fritzchen?«
»Der war der Faulste von allen, der hat sich immer von den Hennen tragen lassen.«

Schwarzbeeren

Vater und Sohn gehen im Wald spazieren. »Papi, was sind das für Beeren?«
»Das sind Schwarzbeeren.«
»Und warum sind die Schwarzbeeren rot?«
»Weil sie noch grün sind.«

Nach Pfefferminze

Der Stier will nicht mehr recht springen. Der Bauer holt den Tierarzt. Dieser verschreibt ein Pulver. Der Stier springt wieder wie einst im Mai.
Wie der Bauer mit seinem Gast in der Stube sitzt, kommt der Nachbar und fragt: »Wie heißt denn das Pulver, das der Tierarzt deinem Stier verschrieben hat?«
»Wie es heißt, weiß ich nicht, aber es schmeckt nach Pfefferminze.«

Flach wie Teller

Sind die Hühner flach wie Teller,
war der Traktor wieder schneller.

A nit vom Vota

»Bua, willst nit bald heiraten, ich tät scho gern übergeben. Waßt scho ane?«, fragt der Vater.
»Jo, die Leitenbauer Hannerl.«
»Das geht nit. Dös is a ledige Tochter von mir. Aber sog jo nix da Muatta!«
Der Sohn sucht sich eine andere.
»Wen host denn jetzt?«
»Die Huber Steffi!«
»Teifi, Teifi, dass du immer an deine ledigen Gschwister graten muaßt. Dö kannst a nit heiratn! Aber sog ja nix der Muatta!«
Als nächste meldet er die Meier Seferl. Natürlich wieder ein Kind der Liebe seines Vaters. Er getraut sich nicht, es nochmals mit einer anderen zu versuchen und geht mit hängendem Kopf umher.
Die Mutter spricht ihn wegen seiner Traurigkeit an.
»Eigentlich soll ich es dir nicht sagen, aber zuerst wollt ich die Leitenbauer Hannerl heiraten, dann die Huber Steffi, dann die Meier Seferl. Jedesmal sagt da Vota, dö kannst nit heiratn, dös is a ledige Tochter von mir!«
»Ha, dummer Bua«, sagt die Mutter, »alle drei hättst heiratn können, du bist ja a nit vom Vota!«

Wo sitzt der Stempel?

Müller verbringt seinen Urlaub auf dem Land. Interessiert schaut er zu, wie die Bäuerin ein Huhn ausnimmt.
»Haben Sie schon mal gesehen, wie man ein Huhn ausnimmt?«, fragt sie.

»Nein«, sagt Müller, »und deshalb würde es mich auch besonders interessieren, wo der Stempel sitzt, mit dem die Eier abgestempelt werden.«

Manches Rindvieh

»Also, Sie wollen uns dort hinüberführen«, meint der Urlauber, »wissen Sie auch den Weg?«
»Und wia! Han i do scho so manches Rindvieh über d' Berg g'führt!«

Hose ausziehen

Eine Sommerfrischlerin bezieht ein einfaches Häuschen neben dem Bauernhof. Da es nur ebenerdig ist, kommt es immer wieder vor, dass Wäsche zum Trocknen vor ihrem Fenster aufgehängt wird. Einmal baumelt direkt vor ihrem Fenster eine Herrenhose.
Das ist ihr zu viel: »Bitte entfernen Sie schnellstens die Hose vor meinem Fenster, ich kann so etwas nicht sehen!«
Bald darauf erhält die Dame männlichen Besuch. Der Besucher fragt die Hauswirtin, ob die gnädige Frau drinnen ist.
»Ja, Sie können hineingehen, aber ziehen Sie vorher Ihre Hose aus, so etwas kann die Frau nämlich nicht sehen!«

… in der Ferne

Kuriositäten gibt es überall, bei uns weniger, in fernen Ländern mehr. Wenn heute Touristen die fernsten Länder der Erde bereisen, bringen sie auch bei uns bislang unbekannte Bazillen und Viren mit, die in nicht ferner Zukunft vor allem in Krankenhäusern einiges an Problemen bringen werden. Den einen oder anderen Vorgeschmack haben wir schon …

Fata Morgana

Ein Tourist durchquert mit seinem Geländewagen die Wüste. Als er zu einer Tankstelle kommt, liest er: »Zögern Sie nicht Ihren Tank hier anzufüllen. Bei den Tankstellen, die Ihnen von jetzt an begegnen werden, handelt es sich um Fata Morganen.«

Auf Mallorca

Fritzchens Oma ist gestorben. »Papa, wo ist denn Oma jetzt?«
»Da, wo wir alle hinkommen.«
»Fein, dann wartet sie auf Mallorca?«

Vater des Kindes

Zwei Österreicher, die nicht Spanisch sprechen können, gehen während ihres Urlaubes in Spanien in eine katholische Kirche und wohnen einer Taufzeremonie bei. Der

Priester sagt etwas, wobei sich der Herr vor den beiden Deutschen erhebt. Um nicht aufzufallen, tun sie das Gleiche. Darauf beginnen alle Anwesenden zu lachen. Der Pfarrer hatte nämlich die Taufe angekündigt und gebeten, der Vater des Kindes möge sich erheben.

Aufforderung

Am Schwarzen Brett der norwegischen Gemeinde Mjelde hing vor kurzem folgender Anschlag: »Alle Einwohner werden dringend gebeten, während des dreiwöchigen Urlaubs unseres einzigen Dorfpolizisten keine Gesetze zu übertreten!«

Schwierigkeiten

»Hast du in Frankreich Schwierigkeiten mit deinem Französisch gehabt?«
»Ich nicht, aber die Franzosen!«

Sessantaotto

Ein Steirer ist zum ersten Mal in Italien. Der Ober bringt die Rechnung: »Sessantaotto!«
»Na, i bin da Sepp, der Otto is daham bliebn!«

Laufend sitzen

Ein Eingeborener sieht den weißen Doktor Rad fahren: »Seht doch, wie faul die Weißen sind, sogar wenn sie laufen, wollen sie noch sitzen!«

Let him swing

Ein englischer Hosenschneider nimmt Maß für die Hose eines Urlaubers und fragt dabei: »Do you carry right or left?«
Darauf der Kunde: »Oh, please let him swing.«

Erdbeben

Ein Reisender traf im Urwald einen alten Farmer, der auf einem Baumstumpf saß und Gummi kaute. »Na, wie geht es?«, fragte der Reisende.
»Gut«, sagte der Farmer, »ich wollte einige Bäume fällen, da kam ein Sturm und ersparte mir die Arbeit.«
»Das war ja gut.«
»Und ein Blitz zündete das trockene Reisig an, das ich verbrennen wollte.«
»Das ist ja merkwürdig. Und jetzt?«
»Nun warte ich auf ein Erdbeben, das mir die Kartoffeln aus der Erde holt.«

Ohne Krawatte

Schleppt sich ein Verirrter durch den Wüstensand. »Wasser, Wasser«, stöhnt er. Nach zwei Tagen sieht er plötzlich einen Mann mit einem Bauchladen, der Krawatten verkauft: »Schöne Krawatten gefällig?«
Röchelt der Verirrte: »Was soll ich mit Krawatten, ich brauche Wasser!«
Einige Tage später sieht er am Horizont eine Oase. Er erreicht sie mit Mühe und Not und findet ein Restaurant.

»Wasser!«, stöhnt er mit letzter Kraft.
»Das können Sie haben«, nickt der Portier, »aber ohne Krawatte kommen Sie hier nicht rein!«

Fruchtbarkeitstanz

Fruchtbarkeitstanz in Afrika. Eine Weiße fragt eine der temperamentvollen Tänzerinnen, ob diese Tänze auch ihre Wirkung täten.
»Bei mir nicht, ich nehme die Pille!«

Touristen

Die fatalsten der Pessimisten,
Das sind die ewig enttäuschten Touristen –
Sie haben sich alle Wunder Welt
Denn doch etwas anders vorgestellt:
Den Montblanc viel blanker,
Das Wetterhorn schlanker,
Das Nordkap viel kälter,
Pompeji weit älter,
Den Alpensee noch reiner,
Den Rheinwein noch feiner –
Bloß sie selber sind in der Fremde drauß'
Genauso unleidlich wie zu Haus!

Ein Korb Freude

Ein Johannesburger Kaufmann reiste nach dem nördlichen Transvaal. Vor der Hütte eines Eingeborenendorfes sah er einen Korbflechter. Er bewunderte die ge-

schmackvolle Arbeit und fragte, ob er einen Korb kaufen könne. Der Handwerker verlangte fünf Dollar.
Wann er den Korb haben könne?
»Heute Abend vielleicht«, erwiderte der Farbige, »oder morgen, oder übermorgen.«
»Gut«, meinte der Weiße, »ich komme in drei Tagen wieder.«
Er besorgte seine Geschäfte im Norden, überlegte sich, dass mit diesen Körben in der Stadt ein guter Gewinn zu erzielen sei, kehrte pünktlich zurück und fragte, was ein Korb koste, wenn er fünfzig Stück abnehme.
Der Schwarze kratzte sich hinter dem Ohr: »Fünfzig Körbe zehn Dollar je Stück.«
Der Kaufmann lachte: »Bist du verrückt? Wenn ich einen Korb haben will, verlangst du fünf Dollar, und bei fünfzig Körben pro Stück das Doppelte?«
»Nicht verrückt«, erklärte der Flechter. »Verstehen! Ein Korb Freude. Fünfzig Körbe Arbeit.«

Hahn kräht deutsch

Urlaub auf einem englischen Landsitz. Am ersten Tag ist das Söhnchen sehr unglücklich, da es kein Wort Englisch versteht. Aber am nächsten Morgen reißt er seine Eltern beim ersten Hahnenschrei aus dem Schlaf: »Vati, Vati!«, ruft er voller Begeisterung, »der Hahn kräht deutsch!«

Sprachliches

Die Maiers sind zum ersten Mal in London. Am Abend gehen sie in die teuerste Bar, die im Reiseführer steht.

»Two Martini, please«, probiert Maier sein Fernsehenglisch aus.
»Dry?«, fragt der Ober.
»Nein, zwei«, darauf Herr Maier.

Bierbar

Zwei Bayern fahren nach Italien und flanieren durch eine Stadt. Dabei sehen sie immer wieder die Aufschrift ›Barbier‹.
Meint der eine: »So ein Blödsinn, bei uns in Deutschland heißt das ›Bierbar‹!«

Am Vesuv

Ein Amerikaner steht vor dem rauchenden Vesuv. Triumphierend sagt ein Italiener stolz: »Was, Mister, so etwas haben Sie in Amerika drüben nicht!«
»Stimmt«, grinst der Tourist, »aber wir haben die Niagarafälle – und mit denen würden wir das da im Handumdrehen löschen!«

Heute ist morgen

Gruber will in Mexiko in einen Zug steigen. Da entsteht zwischen seinem Dolmetsch und dem mexikanischen Schaffner ein heftiger Wortwechsel. »Worüber regt er sich denn so auf?«, fragt er.
»Er sagt«, erwidert der Dolmetsch, »das ist der gestrige Zug. Unsere Karten gelten für den heutigen. Und der fährt erst morgen!«

Rücksichtsvoll

Ein Engländer macht Urlaub in einem südfranzösischen Dorf und kauft Briefmarken. Er besieht sich die Marken und bittet, ob er nicht Marken mit der Schlacht bei Hastings haben könnte.
»Natürlich«, erwidert der Schalterbeamte, »ich habe Sie Ihnen nur nicht anbieten wollen, weil sie an eine englische Niederlage erinnern und ich wollte Ihnen den Urlaub nicht verderben.«

Nessie

Fragt ein Tourist in Schottland einen Einheimischen: »Wann taucht Nessie normalerweise auf?«
»Normalerweise so nach fünf bis sechs Whisky!«

Nach Paris

»Morgen geht's nach Paris!«
»Nimmst du deine Frau mit?«
»Bist du verrückt? Nimmst du Bier mit nach München?«

Wenig Trinkgeld

Ein eleganter Badeort am Balkan. Ein reicher Amerikaner fährt mit dem Taxi beim Luxushotel vor. Er springt aus dem Auto und sagt zum Portier in der Halle: »Fragen Sie den Chauffeur, was ich ihm schuldig bin?«
Der Portier kehrt mit den Worten zurück: »Achtundzwanzig Euro, mein Herr.«

»Hier sind dreißig Euro, davon sind zwei für Sie.«
Hierauf schaltet sich automatisch folgende Zwischenkette ein:
Der Portier zum Etagenkellner: »Hier sind fünfundzwanzig Euro für den Chauffeur, der draußen wartet.«
Der Etagenkellner zum Zimmermädchen: »Hier sind zwanzig Euro für den Fahrer, der draußen wartet.«
Das Zimmermädchen zum Pagen: »Hier fünfzehn Euro für den Chauffeur draußen.«
Der Page geht endlich zum Chauffeur und gibt ihm zehn Euro.
Der Chauffeur schaut hasserfüllt auf das Geld: »Was? Das ist aber stark! Nur zwei Euro Trinkgeld? Und so was nennt sich Amerikaner!«

Keine Eile

Ein riesiger amerikanischer Schlitten summt wie eine Hummel die Landstraße nach Stratford-on-Avon entlang. Plötzlich stoppt er mit quietschenden Reifen neben einem Fußgänger.
»Hallo!«, ruft der Mann am Steuer im nasalsten Amerikanisch: »Fahr ich hier richtig zu William Shakespeares Haus?«
»Yes, Sir«, sagt der Fußgänger, »aber Sie brauchen sich nicht zu beeilen. Er ist tot!«

Kompliment

Ein Amerikaner besichtigt Holland. Ein holländischer Bekannter führt ihn herum. Überall hat der Amerikaner

etwas auszusetzen. Er meint, in allen technischen Dingen seien die Niederlande doch weit zurück.
Bei der Fahrt über Land sehen sie überall Windmühlen.
»Was sind das für komische Dinger?«, fragt der Amerikaner.
Der Holländer erklärt: »Das sind Ventilatoren, die halten im Sommer die Luft über den Wiesen frisch!«
»Well, well, Kompliment«, ruft der Amerikaner erstaunt, »so weit sind wir selbst in den Staaten nicht!«

Nicht verbieten

Das Ehepaar steht vor dem Vulkan. Sagt sie ängstlich: »Schau, der raucht schon wieder.«
Brummt er: »Der lässt sich das von dir eben nicht verbieten.«

Gesprächsstoff

»Haiwaii ist eine wunderschöne Insel, da hat man das ganze Jahr ein und dasselbe prachtvolle Wetter.«
»Über was reden denn die armen Leute dann den ganzen Tag?«

Statt Englisch

In der Nähe von Cannes badet ein Mann im Meer und schwimmt ziemlich weit draußen.
Zwei Fischer am Ufer flicken ihre Netze. Sie hören den Mann rufen: »Help, help!«
»Was heißt den ›help‹?«, fragt der eine.

»Das heißt auf Englisch ›Hilfe‹!«, belehrt der andere.
»Der hätte auch besser schwimmen lernen sollen statt Englisch!«

Toller Schnaps

Ein Amerikaner trinkt in einer Bar in Japan zum ersten Mal einen Reisschnaps. Nach der zweiten Schale hält er sich die Hand vor die Augen: »Damned! Vor mir dreht sich alles! Was ist das für ein höllisches Getränk!«
»Es ist nicht das Getränk, mein Herr«, klärt der Barkeeper auf, »es ist nur ein kleines Erdbeben!«

Schillerdenkmal

Ein Münchner führt seine Gäste durch die Stadt und zeigt ihnen die Sehenswürdigkeiten.
Sie kommen zu einem Denkmal, und die Gäste möchten wissen, wen es darstellt.
»Des was i net genau«, sagt der Münchner, »wird scho a König oder Feldherr sein. Mir sagn halt Schillerdenkmal!«

… und Sport

Wenn Urlauber Sport betreiben, geht es meist um ›pro forma‹, also um die Form, sprich: den Bauch und das Gewicht. Sie zeigen dabei oft erstaunliche Disziplin, die sie dann später bei der vollen Schüssel wieder vermissen lassen. Der Kreislauf beginnt wieder von vorn.

Schweiß der Menschen

»Ich lebe vom Schweiß meiner Mitmenschen!«
»Und das sagen Sie auch noch so ungeniert?«
»Warum nicht? Ich bin Besitzer einer Sauna!«

Pferd schon da

Fragt der Besucher den Stallknecht: »Wann kommt denn der Herr Graf von seinem Morgenritt zurück?«
»Sicher bald, sein Pferd ist schon da!«

Wo ist mein Ball?

Ein Polizist zum Golfspieler: »Ihr Golfball ist auf die Straße geflogen, hat die Windschutzscheibe eines Autos zertrümmert, das rammte einen Feuerwehrwagen und dieser einen Baum. Das Haus, das gelöscht werden sollte, brannte bis auf die Grundmauern nieder. Was haben Sie dazu zu sagen?«
»Wo ist mein Ball?«

Auch nur zwei

Die Mama nimmt ihren kleinen Sohn erstmals in die Damensauna mit. Als der Bub herauskommt, fragt der Papa ganz neugierig: »Na, haben die anderen Frauen mehr Busen als die Mama?«
»Nöö, auch nur zwei!«

Erschießen lassen

Der Jockey lässt sich untersuchen: »Nun, wie steht es mit meiner Gesundheit?«, fragt er gespannt.
»Ich will Ihnen ja nicht zu nahe treten, aber wenn Sie ein Pferd wären, würde ich Sie erschießen lassen.«

Steiler Berg

Kurt und Franz fahren auf einem Tandem eine steile Bergstraße hinauf. Als sie schweißgebadet oben ankommen, sagt Kurt aufatmend: »Das war aber ein steiler Berg. Wenn ich nicht so getreten hätte, wären wir nie heraufgekommen!«
»Ja«, antwortet Franz, »wenn ich nicht die ganze Zeit gebremst hätte, wären wir bestimmt rückwärts gefahren!«

Toller Zauber

Der Häuptling kehrt von seiner Englandreise zurück und berichtet seinen Dorfbewohnern: »Dort gibt's einen tollen Zauber. Zweiundzwanzig Männer treten nach einer Lederkugel, und kurz darauf beginnt es zu regnen!«

Beulen weg

Maria Höfl-Riesch, die bekannte Schifahrerin, möchte auch mal bei einer Herrenabfahrt mitmachen. Verkleidet und unerkannt rast sie den Hang hinunter und stürzt dreihundert Meter vor dem Ziel. Als sie wieder zu sich kommt, drückt ein Pistenhelfer an ihrem Busen herum und sagt: »Keine Sorge, Kumpel, die beiden Beulen kriegen wir schon wieder weg.«

Weit aufmachen

Der Zahnarzt spielt Golf. Als sein Ball Richtung Loch rollt, meint er: »Jetzt schön weit aufmachen!«

Reitlehrer

Ein Reitlehrer zu seinem Kollegen: »Mein neuer Schüler muss Automechaniker sein!«
»Wie kommst du denn darauf?«
»Der Bursche kriecht jedes Mal unters Pferd, wenn es stehen bleibt.«

Freilauf

In der Sportstunde liegen die Buben auf dem Rücken und sollen mit den Beinen in die Luft treten, als ob sie Rad führen. Alle strampeln nach Leibeskräften. Nur der dicke Paul streckt faul die Beine ohne jede Bewegung in die Luft.
»Warum radelst du denn nicht mit?«, fragt der Trainer.

»Ich radle doch«, gibt Paul zur Antwort, »sehen Sie denn nicht, wie ich mit dem Freilauf den Berg hinunterrase?«

Verschwitzt

»Warum bist du nicht zu unserem Treffen gekommen?«
»Ich habe den Termin verschwitzt.«
»Und wo warst du?«
»In der Sauna.«

Wasserskifahren

Zwei Indianer sehen zum ersten Mal Wasserski. »Warum fährt das Boot so schnell?«, fragt der eine.
Darauf der andere: »Der Mann am Strick verfolgt es.«

Diskussion

Ein Rennfahrer-As lernt auf einer Party ein reizendes junges Mädchen kennen. »Ich habe keine Zeit zu verlieren«, erklärt er ihr kurz, »wollen Sie mit mir schlafen?«
Mit entschlossener Miene antwortet das Mädchen: »In meiner Wohnung oder in Ihrer?«
»Wenn Sie anfangen zu diskutieren, brauchen wir nicht mehr darüber zu reden«, entgegnet er gereizt.

Pferdewette

Zwei Ehepaare gehen zum Pferderennen. Während die Frauen sich für die Mode interessieren, beschließen die Männer gemeinsam zu wetten. »Du bist am Zweiten ge-

boren und ich am Fünften.« Sie setzen auf das Pferd sieben und gewinnen.
»Du bist vier Jahre verheiratet und ich fünf.« Sie setzen auf Pferd Nummer neun und gewinnen wieder.
Nächstes Rennen. »Wie oft in der Woche kuschelst du mit deiner Frau?«
»Fünfmal.«
»Und ich sechsmal, ergibt elf.« Sie setzen auf Pferd elf, Pferd zwei gewinnt.
Meint der eine: »Trottel, hätten wir die Wahrheit gesagt, hätten wir wieder gewonnen.«

Noch nie geritten

Ein beleibter Herr hat auf ärztliches Anraten im Urlaub zu reiten begonnen. »Ich habe allerdings noch nie auf einem Pferd gesessen«, sagt er zum Reitlehrer.
»Das macht nichts, mein Herr, ich habe ein Pferd für Sie, das noch nie geritten worden ist.«

Agilität

Eine ziemlich korpulente Dame fällt vom Pferd. Sie erhebt sich aber rasch und schwingt sich forsch wieder in den Sattel, wobei ihre Reithose platzt. Daraufhin fragt sie den Reitknecht: »Was sagen Sie zu meiner Agilität?«
»Sie kann sich sehen lassen«, erwidert dieser errötend.

Unzufrieden

Hammerwerfer sind unzufriedene Heimwerker.

Liegestütze

Ein Sportler macht im Park seine Liegestütze als Morgensport.
Betrunkener: »Kannst schon aufhören, die Puppe ist schon weg!«

Posaunist

Was ist ein Posaunist?
Ein Mann, der in der Sauna die Hinterteile der Frauen bewundert.

Wer sagt es Mama?

Vater und Sohn sind mit dem Fahrrad unterwegs. Der Sohn fährt über eine Biene.
Der Vater: »Du bekommst zur Strafe vier Wochen keinen Honig!«
Später überfährt der Vater einen Vogel.
Fragt der hoffnungsvolle Sprössling: »Sagst du es der Mama oder ich?«

Schlecht möglich

Eine junge Touristin ist in den Alpen von einer Lawine verschüttet worden. Als sie nach ihrer Rettung die Augen aufschlägt, erblickt sie einen netten jungen Mann. Sie flüstert: »Ich werde meinen Retter heiraten!«
»Das wird schlecht gehen«, erwidert der junge Mann, »es war nämlich ein Bernhardiner!«

Ein halbes Dutzend

Ein Schiurlauber hat ein schickes Schihaserl kennengelernt und hofft schon bald auf Erhörung. Also begibt er sich in die Drogerie, um für alle Fälle gerüstet zu sein. Dort aber, oh Schreck, bedienen nur junge Mädchen die Kundschaft, was den potentiellen Verführer äußerst verlegen macht. Er wird rot, stottert und bittet, von einem Mann bedient zu werden. Eines der Mädchen verschwindet und kommt mit dem Inhaber der Drogerie zurück. Diesem kann sich der Herr anvertrauen. Er flüstert ihm etwas ins Ohr.
»Aha«, antwortet der Drogist dröhnend, »Sie waren so rücksichtsvoll, dies von meinen Mädchen nicht zu verlangen. Das ist aber sehr nett von Ihnen!«
Dann aber fährt er im selben Tonfall und in der gleichen Lautstärke fort: »Du, Käthe, sei doch so gut und hol für den Herrn da ein halbes Dutzend Verhüterli.«

Keiner ertrunken

Der Schwimmtrainer fasst nach dem Wettbewerb zusammen: »Gewonnen haben wir nichts, aber es ist auch keiner ertrunken.«

Golfsocken

»Liebling, wo sind meine Golfsocken?«
»Welche sind das?«
»Die mit den achtzehn Löchern.«

… und Kur

Für viele ist die Kur eine Zwischenform von Urlaub und Rehabilitation, wobei sie sich für den Dienstgeber mehr nach dieser und für den Kurenden mehr nach der anderen Seite neigt. Die über fünfzigjährigen Männer werden wieder kindisch und fangen mit der Puppe zum Spielen an. Der Begriff Kurschatten wird vom Begriff Sternschnuppe abgelöst, da für drei Wochen Stern und dann Schnuppe …

Wie du mir

Die Gattin kommt aus dem Seebad zurück.
»Ja, grüß dich, Teuerste, wie ist es dir gegangen?«
»Glänzend und ich habe mich wunderbar unterhalten.«
»Warst du mir aber auch treu?«
»So wie du mir.«
Darauf der Gatte wütend: »Dich lasse ich nicht mehr auf Kur fahren!«

Trottel gefunden

Ein Mann fährt auf Kur. Die Frau fragt ihn, wie viel Geld er mitnehmen will.
»Dreihundert Euro werden schon reichen«, meint er. Sie holt die gemeinsame Kasse, er entnimmt ihr dreihundert Euro. Während der Kur ruft er an: »Geh, Weiberl, schick mir noch zweihundert Euro!«
Drei Wochen nach seiner Rückkehr fährt seine Frau auf Kur. Sie entnimmt vor seinen Augen dreihundert Euro

aus der Kasse und fährt ab. Nach drei Wochen kommt sie zurück und legt vor seinen Augen die dreihundert Euro wieder in die gemeinsame Kasse.
»He, wie geht denn das?«, fragt er erstaunt.
»Ich habe halt auch so einen Trottel gefunden, wie du einer bist!«

Nicht jede Nacht

Die Ehefrau ist zur Kur gefahren. Ihr Mann, voll Sehnsucht, reist zehn Tage später nach. Im Hotel Adler sinken sie sich in die Arme. Glücklich stöhnt sie auf. Da poltert es wütend gegen die Wand. Der Zimmernachbar brüllt: »Oh nein, doch nicht jede Nacht!«

Bin Frauenarzt

Ein Kurgast setzt sich zu den Einheimischen an den Tisch und gibt eine Runde aus.
»Ohne mein Viertele täglich könnte ich nicht leben«, meint einer aus der Runde.
»Und ich nicht ohne die Frauen«, sagt der Kurgast.
»Oho, da haben wir wohl einen Don Juan in unserer Mitte«, lacht ein anderer.
»Das nicht, nein, ganz gewiss nicht«, versichert der Kurgast, »ich bin Frauenarzt.«

Reklamereihe

Ein Kurgast liest im Friedhof des Kurortes die Grabtafeln: »Achtzig Jahre …, fünfundachtzig Jahre …, neunzig

Jahre. – Sind hier die Leute alle so alt, wenn sie sterben?« Sagt ein Einheimischer vertraulich: »Ach wo! Die andern liegen da hinten. Das hier ist die Reklamereihe.«

Ich zähle bis drei

Zwei Kurgäste unterhalten sich: »Sagen Sie einmal, was tun Sie denn gegen Ihre Schlafstörungen?«
»Nun, ich zähle bis drei.«
»Was? Das hilft?«
»Manchmal auch bis halb vier!«

Trauriger Patient

Der Kurarzt rät seinem nervösen Patienten: »Sie sorgen sich zu viel um Ihr Geld. Nehmen Sie die Sache leichter. Vor einigen Wochen habe ich einen Patienten behandelt, der nicht schlafen konnte aus Unruhe über seine unbezahlten Schneiderrechnungen. Ich habe ihm geraten, sich überhaupt nicht um die Rechnungen zu kümmern. Und jetzt geht es ihm ausgezeichnet.«
»Ja, sehen Sie, Herr Doktor«, sagt der Patient traurig, »der Schneider bin ich.«

Kneiptour

»Ich habe deine Frau schon lange nicht mehr gesehen.«
»Ja, sie ist zu einer Kneippkur.«
»Ach, und was machst du so allein?«
»Ich mach eine Kneiptour!«

Kohlenhändler

Die Frau eines Kohlenhändlers sagt zu ihrem Mann: »Ich werde heuer zur Kur nach Marienbad fahren, denn ich wiege schon fast hundert Kilo.«
Auf die Frage des Mannes, wo sie sich gewogen habe, entgegnet sie: »Im Magazin auf der Kohlenwaage.«
»Beruhige dich. Dann wiegst du um ein Drittel weniger!«

Influenza

Zwei Damen begegnen im Kurort einer auffallend schönen Dame.
»Die ist die reinste Influenza«, meint die eine Neureiche. Auf die Frage nach dem Sinn dieses Vergleiches kommt die Antwort: »Nun, es hat sie doch fast jeder schon gehabt!«

Reparaturkosten

Graf Poldi seufzt: »Weißt du, was mich meine Frau schon gekostet hat? Jetzt hab ich sie schon neunmal zur Kur geschickt!«
Bobby meint nur: »Für solche Reparaturkosten hättest du ja auch eine neue bekommen!«

Fehlt nichts

Ein alter Herr, der sich einige Wochen in einem Bade aufgehalten hat, wird bei seiner Abreise vom Badearzt gefragt: »Hoffentlich fehlt Ihnen jetzt nichts mehr?«

»Nein, Herr Doktor«, antwortet der Kurgast, »die Kopfschmerzen habe ich noch, den Rheumatismus habe ich noch, den Husten habe ich noch. Mir fehlt nichts von dem, was ich mitgebracht habe.«

Auch in Behandlung

Der 125 kg schwere Gastwirt Huber wird zur Abmagerungskur in ein Kurbad geschickt. Dort sieht er im Sprechzimmer beim Arzt ein Skelett stehen.
»Sagen Sie mal, Herr Doktor«, fragt er vorsichtig, »war der etwa auch bei Ihnen in Behandlung?«

Seit gestern

Von der Kur zurück, donnert die liebe Gattin ihren Mann an: »Unerhört, dass du jetzt erst aus dem Gasthaus heimkommst!«
»Aber Schatz, es ist doch noch früh am Abend, noch nicht einmal zehn Uhr.«
»Stimmt«, sagt sie eisig, »aber ich bin auch schon seit gestern zurück!«

Nicht mitgehen

»Weiß der Teufel, woran das liegt, jedes Jahr gehe ich mit meiner Frau auf Kur nach Bad Tatzmannsdorf und trotzdem kriegt sie kein Kind!«
»Ja, da musst du eben nicht immer mitgehen. Bleib einmal einen Sommer zuhause und du wirst über die Wirkung staunen.«

Verzögerte Rückkehr

»Vorläufig können wir nicht mit Erichs Rückkehr aus der Kur rechnen«, meint die Gattin.
»Nanu, ich habe ihn gar nicht für so krank gehalten«, meint die Freundin, »hast du mit dem Arzt gesprochen?«
»Nein, aber mit seinem Kurschatten.«

Badewanne

Herr Mayer steigt voll Zuversicht
Froh in die Badewanne
Und hofft, dass er damit die Gicht
Aus seiner Wade banne.

Sehnsucht

»Wie gefällt es Ihrer Frau auf Kur?«
»Ausgezeichnet! Sie schrieb mir, sie möchte so lange dort bleiben, bis ich Sehnsucht nach ihr habe.«
»Und was haben Sie ihr geantwortet?«
»Dass sie schließlich aus finanziellen Gründen nicht zeitlebens dort bleiben kann!«

Der Briefkastenschlüssel

Mit Schrecken stellt der Gatte fest, dass seine Frau den Briefkastenschlüssel mit in den Kuraufenthalt genommen hat. Er konnte die Post nicht entnehmen. Also schreibt er an seine Frau: »Bitte schicke mir schnell den Briefkastenschlüssel!«

Sie tut es. Jetzt steckt auch noch der Brief mit dem Schlüssel im Briefkasten …

Ausverkauft

Früher war der Kuraufenthalt auch so etwas wie ein Heiratsmarkt. Ein Familienvater ist mit seinen zwei Töchtern auf einer Kur. Dort hat sich die eine Tochter verheiratet, die andere verlobt. Noch vor Ende der Kur reist der Mann ab.
»Warum fahren Sie schon nach Hause?«, fragt ein Freund.
»Ich bin schon ausverkauft«, kommt die Antwort.

Noch vierzehn Tage

Ein Vertreter fragt nach der gnädigen Frau.
»Die ist im Bade«, antwortet das Dienstmädchen.
»Ich werde warten, bis sie fertig ist«, sagt der Vertreter und setzt sich nieder.
Nach einer halben Stunde fragt er: »Dauert es noch lange?«
Gibt der dienstbare Geist zurück: »Noch etwa vierzehn Tage, sie ist nämlich in Gastein.«

Durchgebrannt

Der Industrielle ist seit drei Wochen in Bad Gleichenberg zur Kur. Da erhält er ein dringendes Telegramm von seiner Haushälterin: »Zwei Wohnzimmerbirnen und gnädige Frau durchgebrannt. Erna.«

Stempel von Paris

»Auf die Post ist auch kein Verlass mehr«, empört sich die Gattin.
»Wieso denn?«
»Mein Mann ist zur Kur im Schwarzwald, und die Post benutzt die Stempel von Paris!«

Wirkung

Zwei Damen hören sich die Abschiedssymphonie von Haydn, gespielt vom Kurorchester, an. Im letzten Satz legt bekanntlich ein Musiker nach dem anderen sein Instrument weg und verschwindet. Mit Staunen sahen die beiden Damen auch den letzten Spieler verschwinden und den Dirigenten einsam vor leeren Stühlen stehen.
Plötzlich flüstert die eine der anderen ins Ohr: »Kein Wunder! Das macht nur das viele Brunnenwasser!«

Nur zweimal

Er kommt von der Kur zurück. Sie fallen sich in die Arme. Die kleine Frau hält seinen Kopf in den Händen und flüstert: »Hast du mich betrogen?«
»Nein!«
»Lüg nicht!«
»Nun … ja!«
»Wie oft?«
»Zweimal!«
»Mit wem?«
»Mit deiner Freundin und mit dem Stubenmädel aus dem

Hotel … aber, meine Liebe, hast du mich auch betrogen?«
»Wie kommst du darauf? Ich denke nicht dran!«
»Lüg nicht!«
»Nun … ja!«
»Wie oft?«
»Auch zweimal!«
»Mit wem?«
»Mit der Jazzband und mit dem Hockeyteam.«

… und heitere Nachlese

Über den Urlaub wird auch nachher geredet: im Büro, an der Arbeitsstätte, bei Besuchen, auf der Straße. Besonders aber in der Schule, wo natürlich ein Aufsatz fällig wird. Auch Fotos werden gezeigt und Videos vorgeführt, was manchmal zur wenig geschätzten Herausforderung wird …

Aber der Sechzehnte

»Wo fährst du denn hin?«
»Ich fahre nach Rom und gratuliere dem Papst zu seinem Namenstag!«
»Aber, höre einmal, morgen ist ja nicht Benedikt!«
»Aber der Sechzehnte.«

Ferien erfunden

Aus einem Aufsatz über die Ferien: »Ich möchte heute noch den Totenschädel jenes Mannes streicheln, der die Ferien erfunden hat!«

Arabische Geschichte

Meier zeigt seinem Freund ein Foto, auf dem er auf einem arabischen Hengst sitzend zu sehen ist.
Der Freund meint sarkastisch: »Einen Araber auf einem Kamel habe ich schon oft gesehen, aber ein Kamel auf einem Araber noch nie!«

Brasilianerin

Hugo war in Brasilien auf Urlaub. Nach seiner Rückkehr fragt ihn sein Chef: »Na, wie war es denn in Rio?«
»Ach, in Brasilien gibt es nur Fußballspieler und Flittchen.«
Darauf der Chef: »Wussten Sie, dass meine Frau Brasilianerin ist?«
»Oh, bei welchem Verein spielte sie denn?«

England überdachen

»Das Land ist wirklich großartig«, sagt ein Mann nach einem verregneten England-Urlaub, »nur sollte es überdacht sein.«

Eingekreist

Der Afrika-Reisende erzählt seinen Gästen: »Es war weit hinten in der Wüste, wo vor mir noch kaum ein Europäer war. Plötzlich werde ich von Marokkanern eingekreist. Vor mir Marokkaner, hinter mir Marokkaner ...«
»Und was haben Sie getan?«
»Ich habe den Teppich gekauft!«

In Afrika zugelaufen

»Dein neuer Hund ist ja direkt zum Fürchten, Karl. Wo hast du den denn her?«
»Ach, der ist mir im Urlaub in Afrika zugelaufen. Ich habe ihm nur die Mähne etwas kürzer geschnitten!«

Nördlich oder südlich

Anton war in Afrika. »Dort war es wohl mächtig heiß?«
»Mächtig, Minna.«
»Wo haben Sie gewohnt?«
»Zehn Kilometer vom Äquator.«
»Nördlich oder südlich?«
»Nördlich.«
»Na, ja, dann geht es ja noch.«

Mein Papa

Lehrer: »Wer hat das gesagt: Die schönen Tage in Aranjuez sind nun zu Ende?«
Hans: »Ja, das hat mein Vater gesagt, wie die Mutter von der Kur zurückgekommen ist!«

Die Krähe hüpft

Aus einem Schüleraufsatz: »Die Krähe hüpft hinter dem eifrig pflügenden Landmann einher und pickt ihm die Würmer aus der Furche.«

Kopfweh

Schüchtern meint der Bräutigam: »In drei Wochen heiraten wir, da könntest du schon ein bisschen nachgiebiger sein.«
Darauf meint sie: »Erstens bin ich katholisch, zweitens ist die Mutter schwer dagegen und drittens krieg ich nachher immer so Kopfweh.«

Klang der Gedärme

Noch ein Aufsatz: »Das Schaf erfreut uns auch nach seinem Tode noch durch den lieblichen Klang seiner Gedärme.«

Spiegelbild

Ein Ferienerlebnis: »Die Sennerin saß am Ufer des Sees und molk die Kuh. Im Spiegelbild des Wassers sah es umgekehrt aus.«

Reiseandenken

»Haben Sie auf Ihrer Italienreise viele Andenken gekauft?«
»Ja, aber mein Mann hat sie auf der Heimreise alle ausgetrunken.«

Nur Plafond

»Nun, was hast du denn auf deiner Hochzeitsreise alles gesehen?«
»Nur den Plafond.«

Diesmal Baden

»Wir fahren im Dezember auf die Seychellen«, erzählt die jungvermählte Jutta ihrer Freundin Rosel.
»Aber da wart ihr doch auf eurer Hochzeitsreise!«
»Ja, aber diesmal wollen wir baden.«

Verkehr mit Italienern

Aus einem Schulaufsatz: »Meine Schwester vertieft ihre Sprachkenntnisse laufend im Verkehr mit Italienern.«

Opfer der Berge

Als Karli am Mittagstisch sitzt, stöhnt er: »Heute war es schlimm in der Schule.«
»Warum denn, mein Junge?«
»Wir mussten einen Aufsatz darüber schreiben, wie sich unsere Eltern kennen gelernt haben. Ich habe geschrieben, dass du Mutti eines schönen Tages im Sommer bei einer Kletterpartie in den Alpen zum ersten Mal gesehen hast.«
»Gut, mein Junge«, sagt der Vater anerkennend, »dass du dir das gemerkt hast. Was hast du dem Aufsatz für eine Überschrift gegeben?«
Da sagt der Bengel grinsend: »Opfer der Berge!«

Genitalien-Sex-Sperma-Vorhaut

Aufsatz in der Klasse. Max kommt zum Lehrer vor und fragt: »Bitte, wie schreibt man ›Genitalien‹?« Der Lehrer erklärt es ihm. Bald kommt er wieder nach vor: »Bitte, wie schreibt man ›Sex‹?«
Der Lehrer erklärt es ihm wieder. Aber bald kommt Max wieder: »Bitte, Herr Lehrer, wie schreibt man ›Sperma‹?« Der Lehrer wundert sich langsam und gibt ihm die gewünschte Auskunft. Als Max ein viertes Mal kommt und fragt: »Bitte, wie schreibt man ›Vorhaut‹?«, geht sich der

Lehrer das anschauen. Staunend liest er: »Wenn wir im Sommer Genitalien fahren, sind wir Sex, da Sperma den Hund hinten ein, damit es ihn nicht immer Vorhaut.«

Wir sind geflogen

»Wo warst du in den Ferien?«
»Auf Mallorca.«
»Mallorca? Wo liegt denn das?«
»Ich weiß auch nicht, wir sind geflogen.«

Pfundweise

»Wie viel haben Sie bei Ihrem Aufenthalt in England gebraucht?«
»Etwa fünf Zentner.«
»Wie soll ich das verstehen?«
»Genau gerechnet 495 Pfund.«

Wo wir überall waren

»Ich habe heute unsere Urlaubsfotos abgeholt«, berichtet der Gatte.
»Endlich«, meint seine Frau, »ich bin ja schon so gespannt, wo wir überall waren!«

Nichts für Kinder

Die kleine Lotte kommt in die überfüllte Drogerie, bleibt an der Türe stehen und ruft laut: »Bitte drei Dutzend Präservative, verschiedene Größen!«

Alles ist starr. Der Drogist fasst sich am schnellsten: »Erstens schreit man nicht so. Zweitens ist das nichts für kleine Kinder und drittens schickst du mal deinen Vater vorbei!« Aber Lotte ist nicht zu entmutigen: »Erstens hab ich in der Schule gelernt, dass man laut und deutlich sprechen soll. Zweitens ist das nichts für kleine Kinder, sondern gegen kleine Kinder. Und drittens geht das Vati gar nichts an. Die sind für Mama. Die fährt nämlich morgen für drei Wochen nach Mallorca.«

Verharscht

Karl läuft mit einem dicken Kopfverband herum. »Donnerwetter, was ist denn passiert?«, fragt ein Freund.
»Oh, ich war auf Skiurlaub.«
»Aha, ich verstehe, der Frühjahrsschnee war verharscht.«
»Nein, die Kellnerin war verheiratet.«

Nicht gesehen

»Und Sie haben tatsächlich alle nordfranzösischen Kathedralen gesehen?«
»Gesehen nicht, aber fotografiert!«

Arbeitsteilung

»Was, Sie haben Rom in drei Tagen kennengelernt? Wie haben Sie das gemacht?«
»Ganz einfach: Meine Frau hat die Ruinen und Kirchen besichtigt, meine Tochter die Galerien und ich die Wirtshäuser.«

Schlecht gelaufen

»Du erinnerst dich doch noch an mein Mädchen, mit dem ich so gut wie verlobt war?«, klagt ein Freund dem anderen. »Ich musste geschäftlich sechs Wochen in die Staaten, habe ihr aber jeden Tag einen Luftpostbrief geschrieben. Als ich zurückkam, war sie verheiratet.«
»Verheiratet, mit wem?«
»Mit dem Briefträger!«

Florenz besichtigt

Die Familie kommt von einer Rundreise aus Italien zurück.
»Wie hat Ihnen Florenz gefallen?«, fragt die Nachbarin.
Frau Novak denkt nach: »Florenz, sag mal Franz, ist das nicht die Stadt, wo wir die schönen Handschuhe gekauft haben?«

Woanders hinfahren

»Frau Maier, welche Pläne haben Sie denn für den Urlaub?«
»Ach, ich weiß noch nicht recht. Mein Mann will mit mir eine Weltreise machen, aber ich möchte lieber woanders hinfahren!«

Wie sieht das Auto aus?

Die nicht gerade als gute Autofahrerin bekannte Tante Finni kommt von ihrer Griechenlandreise zurück. Stolz

zeigt sie ihre Urlaubsfotos. Auf einem liegt eine zertrümmerte Säule am Boden.
»Um Gottes willen, Tante Finni«, ist Berta entsetzt, »und wie sieht das Auto aus?«

Barfuß bis zum Hals

Die kleine Moni kommt mit ihren Eltern vom Strand nach Hause.
Fragt die Oma: »Na, Moni, wie war es? Was hast du denn alles gesehen?«
»Weißt du, Oma, am Strand waren viele Leute! Und die meisten waren barfuß bis zum Hals!«

Nichts für Beamte

Peter trifft seinen Freund Otto – inzwischen Inspektor beim Finanzamt – und sie tauschen Urlaubserinnerungen aus. Peter erzählt ihm, dass er in Finnland war und schwärmt ihm von der Sauna vor.
Otto winkt ab. »Das ist nichts für Beamte, da kommt man ja ins Schwitzen.«

Zu Wasser und zu Lande

Biologieunterricht nach den Ferien.
»Wie nennt man Lebewesen, die im Wasser und auf dem Lande leben können?«
Ruft Karli: »Urlauber, Herr Lehrer, Urlauber!«

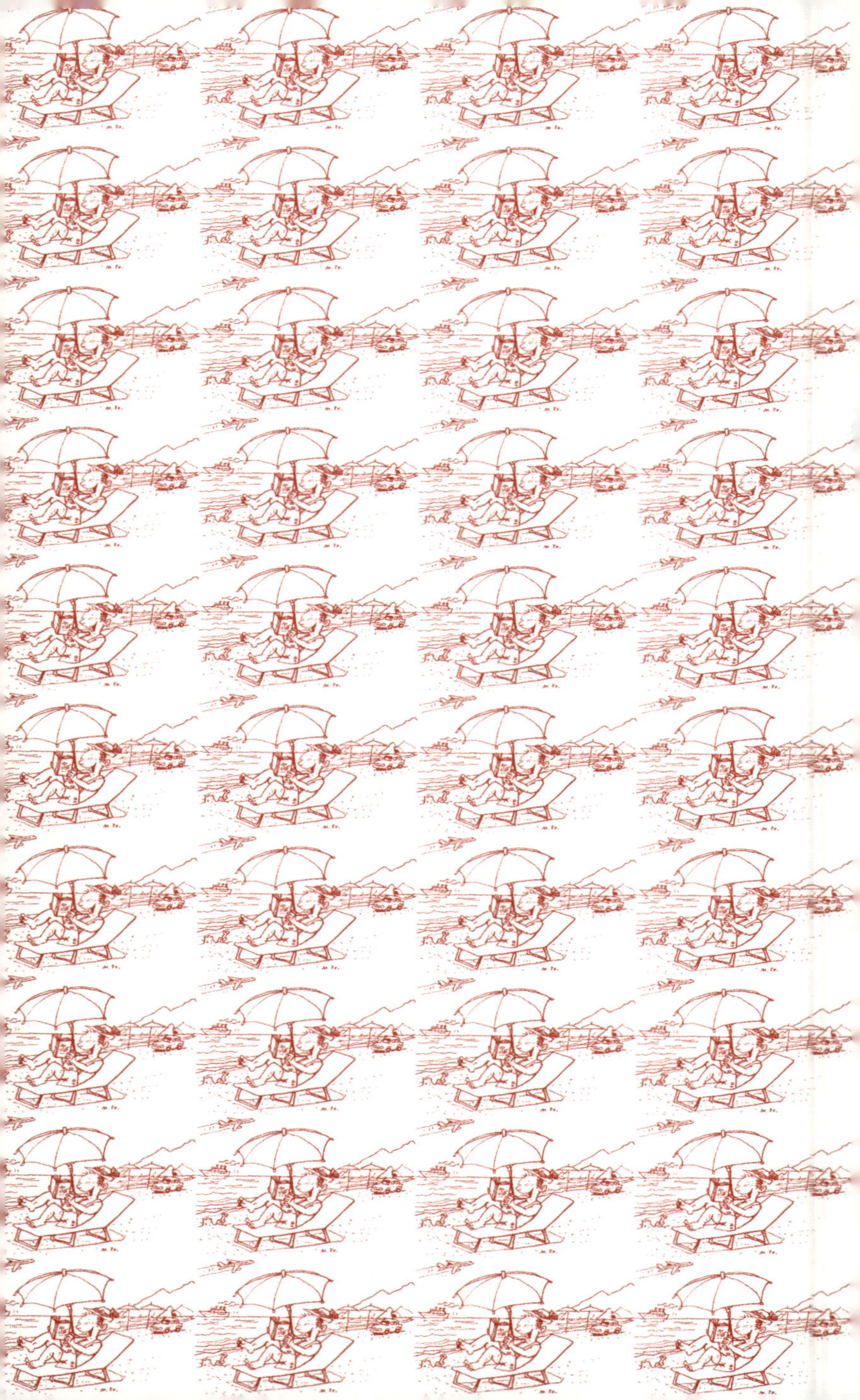